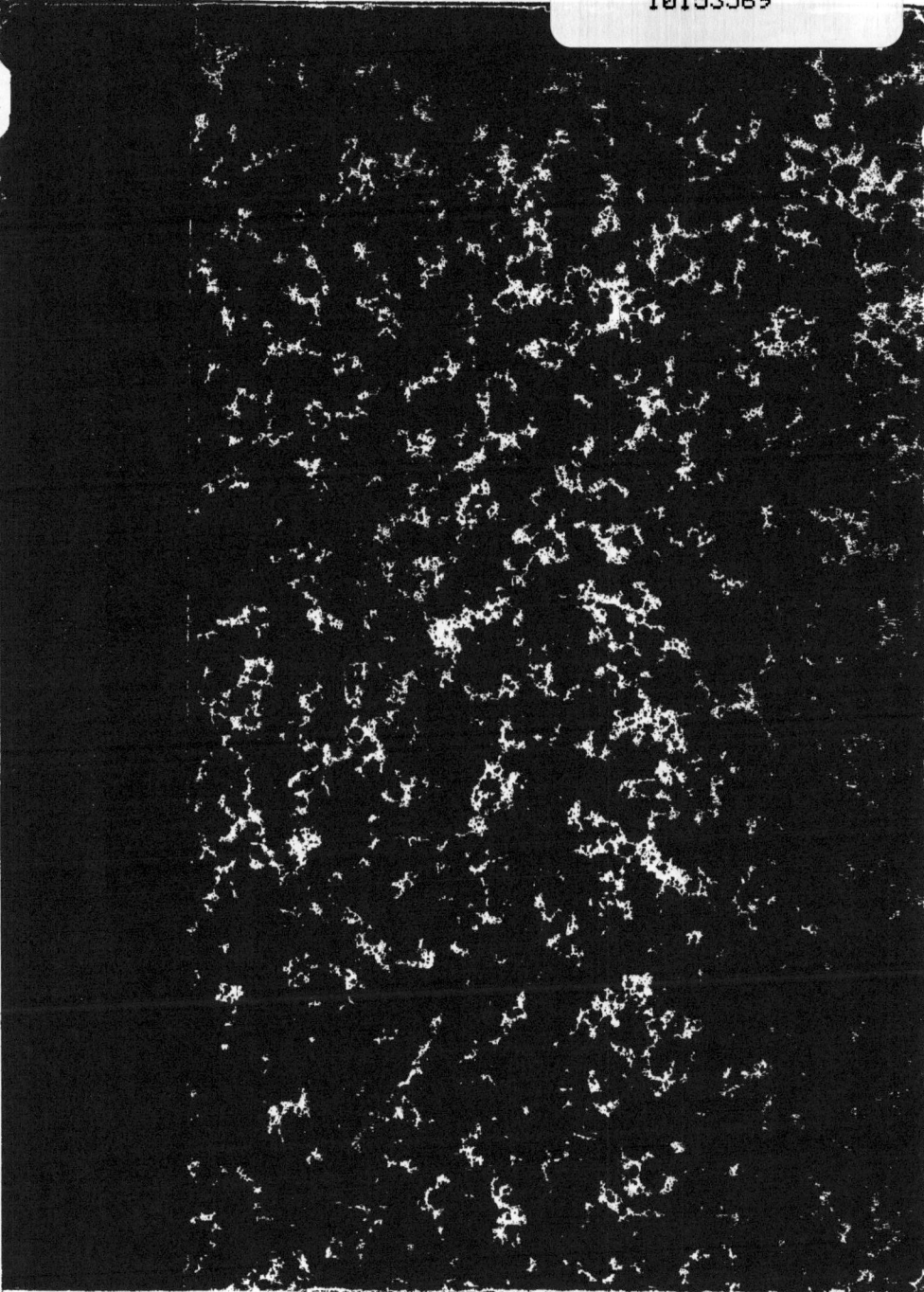

I0153569

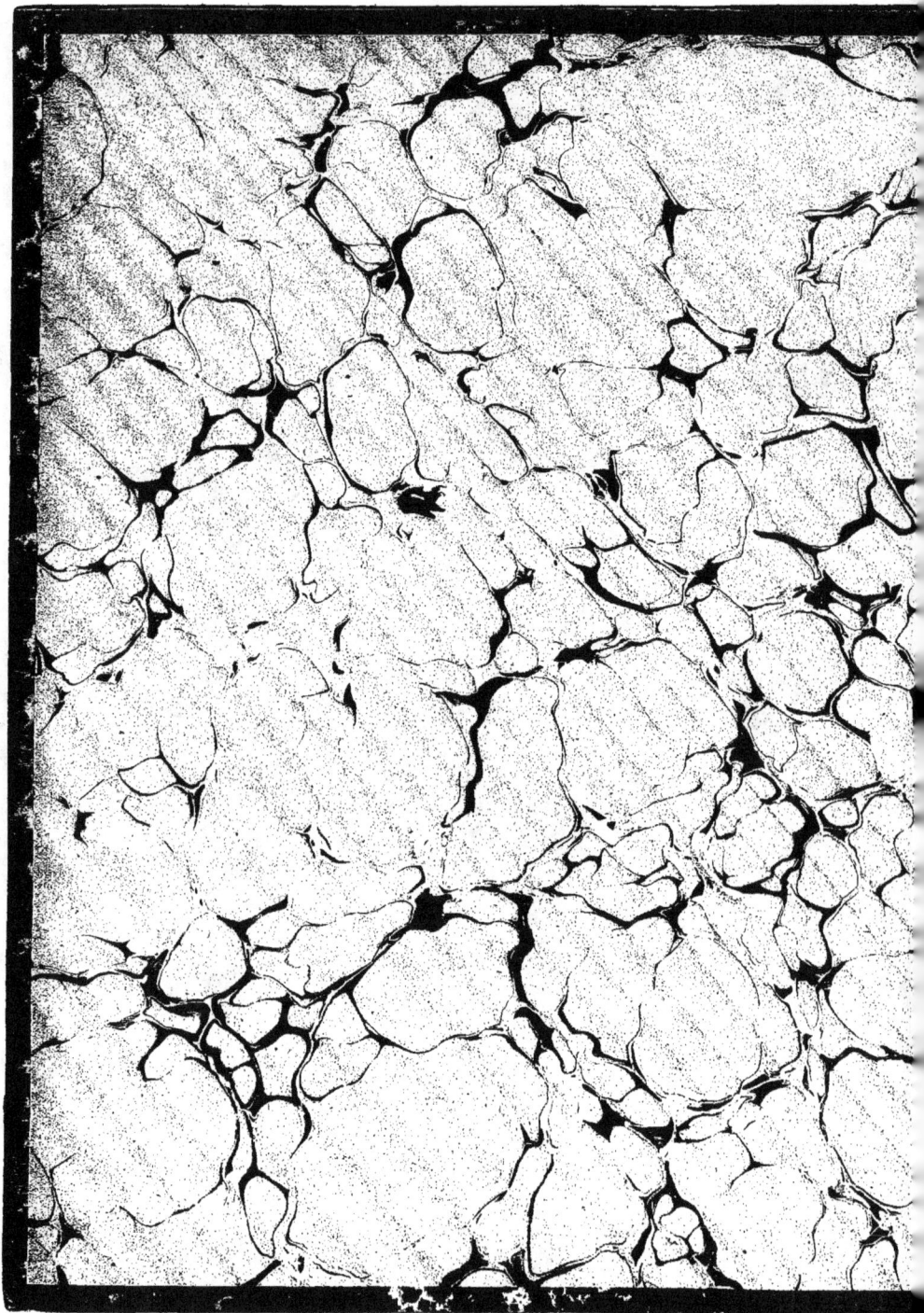

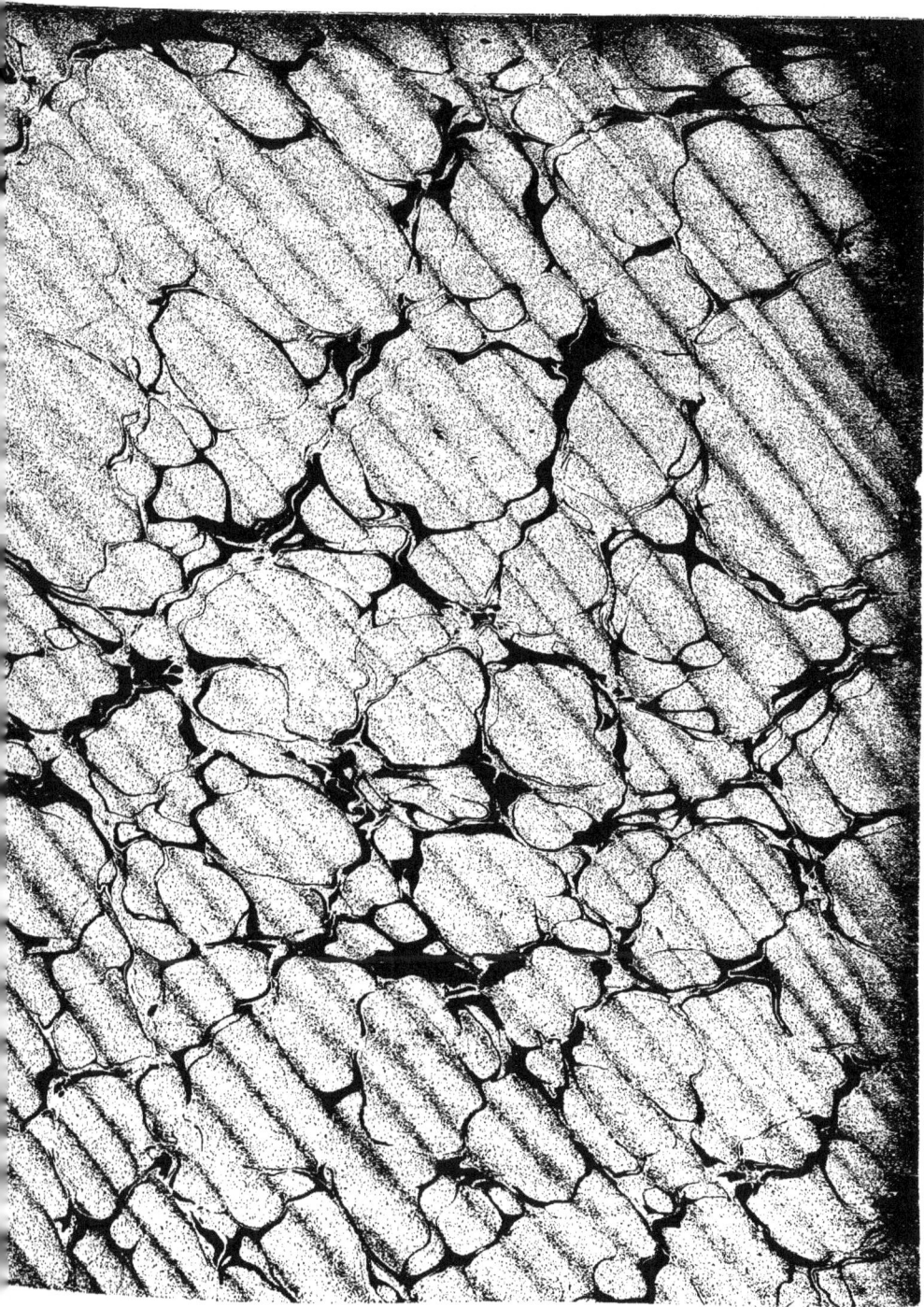

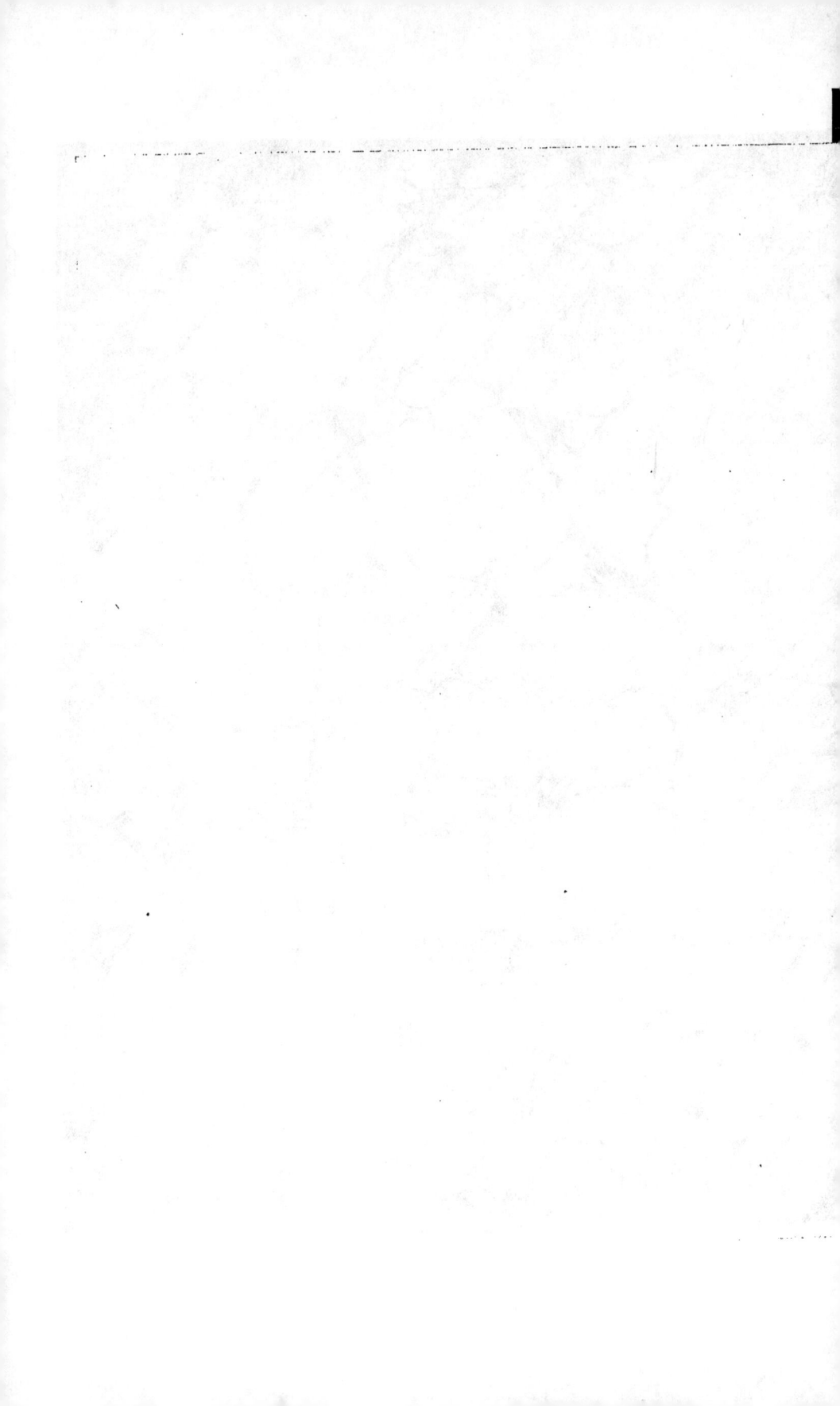

Ex
24108.

1468

DOCUMENTS

SUR

LA VILLE DE ROYAN

ET

LA TOUR DE CORDOUAN

(1582-1803)

RECUEILLIS PAR

GUSTAVE LABAT

De l'Académie de Bordeaux
Vice-Président de la Société des Archives historiques de la Gironde
Correspondant du Ministère de l'Instruction publique, etc.

QUATRIÈME RECUEIL

BORDEAUX

IMPRIMERIE G. GOUNOUILHOU

11, — RUE GUIRAUDE, — 11

1897

ROYAN

ET LA

TOUR DE CORDOUAN

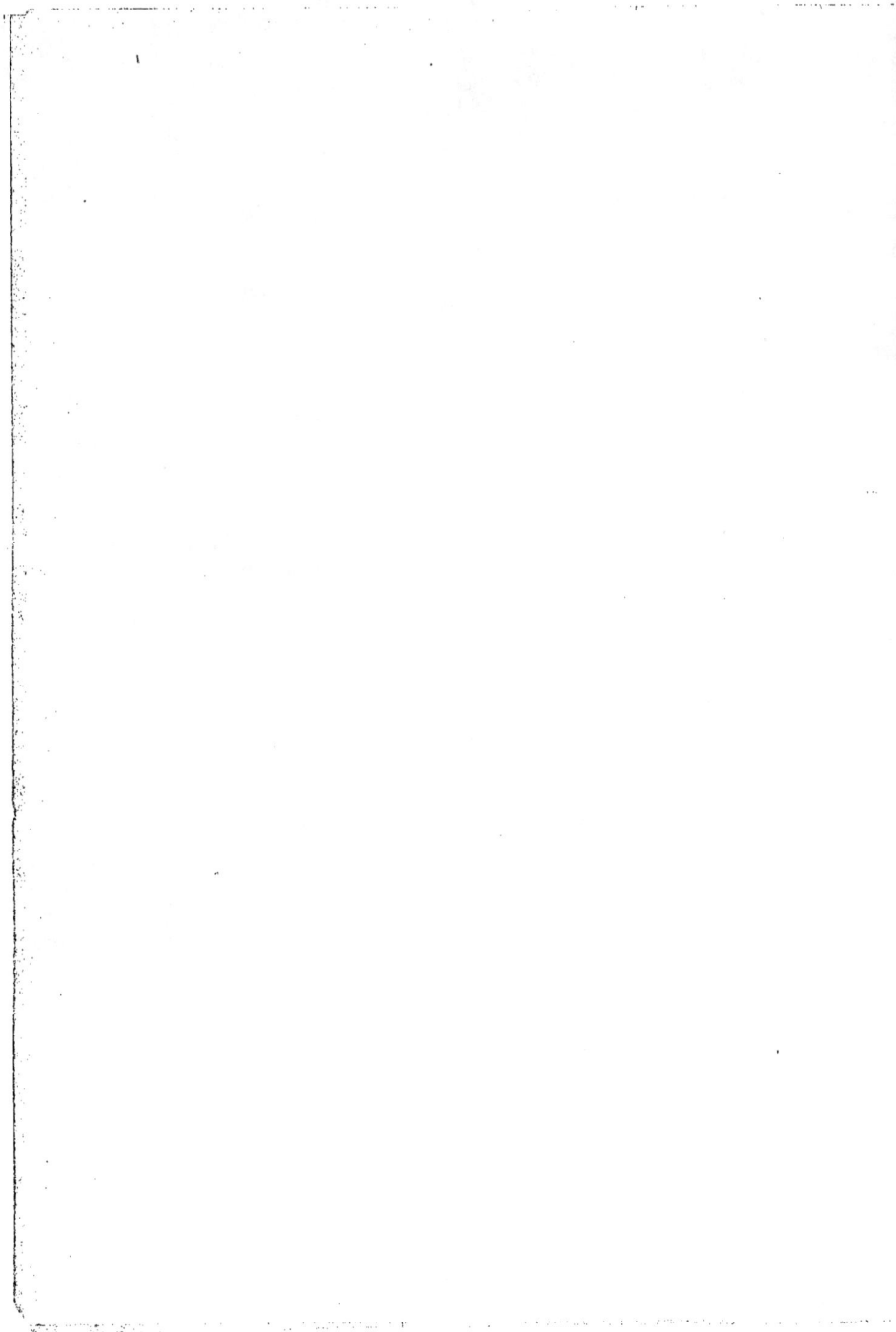

DOCUMENTS

sur

LA VILLE DE ROYAN

et

LA TOUR DE CORDOUAN

(1582-1803)

RECUEILLIS PAR

GUSTAVE LABAT

De l'Académie de Bordeaux
Vice-Président de la Société des Archives historiques de la Gironde
Correspondant du Ministère de l'Instruction publique, etc.

QUATRIÈME RECUEIL

BORDEAUX

IMPRIMERIE G. GOUNOUILHOU

11, — RUE GUIRAUDE, — 11

1897

Phototyp. Charles Chardoil

PORTE DE LA MARÉE

À

LA TOUR DE CORDOUAN

(1776)

Dessin Original de
l'ingén. TOUFAIRE

INTRODUCTION

Con la paciencia todo se logra.

I

Nous étions loin de penser encore à un quatrième recueil de documents sur la célèbre tour de Loys de Foix, le sujet nous semblant à peu près épuisé, quand notre bienveillant collègue et ami, M. Raymond Céleste, conservateur de la Bibliothèque de la ville de Bordeaux, que l'impression des cartes de l'ingénieur Masse avait mis en rapport avec le Service maritime des Ponts et Chaussées, nous signala l'existence dans les archives de cette administration de dossiers et plans complètement inédits remontant aux premières années du siècle dernier et se rapportant aux travaux faits à Cordouan et aux tours et balises de l'entrée de la rivière au xviii⁰ siècle.

C'était une trop bonne fortune pour la laisser échapper et, sur le désir exprimé de consulter ces précieux documents, l'obligeant M. Céleste obtint pour nous, de l'ingénieur en chef du Service maritime du département de la Gironde, M. Crahay de Franchimont, dont nous ne saurions assez louer la courtoisie, la communication de ces dossiers. Leur examen nous décida bientôt à en entreprendre la publication.

Notre intention était de la compléter par d'autres documents provenant des Archives municipales, épaves de l'incendie de la Mairie de Bordeaux du 13 juin 1861, que M. Ducaunnès-Duval, l'érudit et patient archiviste de la Ville, s'occupe en ce moment à classer. Malheureusement, les deux pièces qu'il nous a montrées sont en partie détruites et ne peuvent être suffisamment transcrites; elles sont l'une et l'autre de la fin du xvi° siècle.

La première, par ce que nous avons pu en lire, rappelle le contrat passé en 1594 par Loys de Foix pour la réédification de la tour de Cordouan, document publié pages 29 et suivantes de notre second recueil; la deuxième, du 12 avril 1595, est l'expédition d'une délibération de la Jurade relative aux lettres patentes du Roy, présentées par Loys de Foix, pour une somme de 36,000 écus à prendre sur le nouveau subside levé à Bordeaux; nous y retrouvons le même sens de la délibération des Trésoriers de France, en date du 15 avril 1595, qu'on trouve pages 41 et suivantes dans le recueil déjà cité.

Notre collègue de la Société des Archives historiques de la Gironde, M. Maufras, a bien voulu nous communiquer la copie de documents extraits des Archives de la Marine à Bordeaux (dépôt du Magasin des Vivres de Bacalan), concernant Cordouan, la construction de tours en bois sur les côtes de la Saintonge et du Médoc et la création du petit port de Saint-Palais en mer. Nous sommes heureux de saisir l'occasion de remercier M. Maufras de son intéressante communication; toutefois, nous pensons que la similitude des formules d'adjudication avec celles que nous avons déjà données dans notre troisième recueil pages 89 à 101, rend inutile de les transcrire in extenso, et qu'il suffit de mentionner ces travaux, adjugés dans l'année 1769 et vérifiés par l'ingénieur Toufaire (¹), comme l'indique l'ordonnance suivante, en date du 9 décembre 1769 : « François-Ambroise d'Aubenton, écuyer, commissaire ordonnateur au département de Bordeaux et Bayonne, au sieur Delbos de La Borde, receveur des droits de la tour de Cordouan,

(¹) Troisième Recueil, *Introduction*, pages VII et VIII.

de payer comptant des deniers de ses recettes, au sieur Toufaire, ingénieur, la somme de six cents livres, que nous luy avons ordonnée et ordonnons, tant pour les différents voyages qu'il a faits par nos ordres à la tour de Cordouan pour y vérifier les ouvrages que le sieur Dardan (¹) y a fait, et sur la coste de Royan et de Médoc à l'occasion des nouveaux établissemens des tours de bois et le rehaussement des clochers de Royan et de Saint-Palais ainsi que la formation du petit port de Saint-Palais, que pour les divers plans et devis qu'il a dressé de tous ces objets, de laquelle dite somme de six cents livres sera passée et allouée audit sieur receveur dans son compte de la présente année en apportant le présent ordre quittancé. »

Un état des comptes de Delbos de La Borde, receveur des droits de la tour de Cordouan, nous apprend que les recettes formant les fonds de ladite tour se composaient en 1769, savoir :

« Du droit de quatre sols par tonneau levés dans l'amirauté de Guyenne sur tous les batiments françois et étrangers, en exécution de l'arrêt du Conseil du 21 septembre 1737, à compter du 1er janvier 1769 jusqu'au dernier avril suivant, et de celui de six sols par tonneau, au lieu de quatre sols, levés des pareils bâtimens, en vertu du nouvel arrêt du Conseil du 11 décembre 1768, depuis le premier may jusques et y compris le dernier décembre de la même année 1769 (²). »

II

On a dit bien souvent que les rochers de Cordouan avaient, dans les temps reculés, fait partie de la péninsule médocaine; ce sont cependant de pures suppositions, car rien n'est moins prouvé.

(¹) Troisième Recueil, pages 89 et suivantes. M. d'Aubenton se trompe, c'est Tardy qui fut l'adjudentaire et non Dardan.
(²) État de la dépense annuelle sur les fonds de la tour de Cordouan, 1769.

b

M. Camille Jullian, le savant épigraphiste, professeur à la Faculté des lettres de Bordeaux, a écrit dans la *Revue universitaire du Midi*, tome III, page 248 : « ..... Voyez l'île de Cordouan, il est permis de croire qu'elle est le débris d'une île plus grande; mais aussi loin qu'on peut remonter dans son histoire, il est interdit de conclure des textes mêmes qu'elle fût beaucoup plus étendue que de nos jours, et *surtout qu'elle ait jamais été réunie au Médoc* ([1]). »

Il en est donc pour les rochers de Cordouan, comme pour la construction de la première tour qui y fut élevée, pure légende, dont nous avons fait justice dans l'introduction de notre troisième recueil ([2]).

A propos des légendes qui obscurcissent trop souvent l'histoire en s'accréditant, nous retrouvons une note que notre regretté collègue et ami Charles Marionneau nous avait signalée page 303 du manuscrit de l'abbé Bellet (chiffres rouges) de la Bibliothèque de Bordeaux, année 1724 :

« Dans une dissertation prononcée par M. de Saint-Martin, commissaire de la marine, le jeudi 4 mai 1724, dans la bibliothèque du cardinal de Rohan, il dit que la tour de Cordouan fut bâtie sous saint Louis par l'architecte Pierre de Montreau, qu'il y en avoit une du temps des Romains, *dont les vestiges paroissent sur les rochers*, qu'elle a été rétablie par Henri II, par Henri IV, par Louis XIV, et il faut ajouter par Louis XV. »

([1]) Le texte le plus ancien sur Cordouan est celui de l'anonyme de Ravenne (viiiᵉ siècle), qui mentionne les îles *Cordano* et *Aia* (Cordouan et Yeu).

Sed est insula post Aquitaniam quæ dicitur:	Il y a après l'Aquitaine une île appelée :
15. — *Obceorum.*	Ouessant.
16. — *Ollarione.*	Oléron.
17. — *Ratis.*	Ré.
18. — *Corda.*	Cordouan.
Forlasse insula in ostio Garumnæ cum pharo, cui nomen.	Peut-être une île à l'embouchure de la Garonne, avec un phare, nommée la tour de Cordouan (*Antros, Mela?*).

([2]) Troisième Recueil, *Introduction*, pages x et xi.

Le célèbre historien Jacques-Auguste de Thou s'exprime ainsi sur Cordouan dans la relation de son voyage au pays de Médoc :

« De là (¹) on découvre la tour de Cordouan, située entre des bancs de sable et de rochers à l'embouchure de la Garonne, qui, dans cet endroit, est large d'environ quatre lieues. Cette tour, qui, la nuit, sert de fanal aux vaisseaux, avoit été à demi ruinée; depuis, elle a été rebatie par l'adresse et le travail de Louis de Foix, parisien, qui portoit ce nom à cause de son père, qui étoit du païs. »

Édition de La Haye de 1740, tome XI, page 48.

En note, on lit : « C'est ce même Louis de Foix qui travailla pour l'infortuné don Carlos et qui découvrit à Philippe II le secret de la serrure de la chambre de ce prince, comme on voit dans l'histoire de M. de Thou. »

Élie Vinet ne dit point que l'îlot de récifs sur lequel s'élève la tour de Cordouan ne peut pas être l'îlot d'Antros. Voici tout au contraire comment il s'exprime dans son livre sur l'*Antiqvité de Bovrdeavs,* après avoir constaté que la ville de Noviomagus, dont parle Ptolémée, n'existait plus au xviᵉ siècle :

« Car on trouve bien à dire auiourd'huy en ce quartier là l'isle d'Antros, de laquelle fait mention le géographe Pompoine Mele, *si ce n'est d'adventure* le rocher de Cordan à l'embouchement de la Garonne ou finalement que les sables l'aient couverte. »

Si ce n'est d'adventure signifie *à moins que ce ne soit* par hasard la tour de Cordouan.

G. de Lurbe dit à son tour dans la *Chronique bordeloise,* édition de 1619, pages 3 et 4 :

« Du temps d'Antonin (²), c'est-à-dire au deuxième siècle de l'ère chrétienne, il y avoit à l'embouchure de la rivière de Garonne

---

(¹) Du Verdon.
(²) Antonin-le-Pieux, né en 86 à Lanuvium d'une famille originaire de Nîmes. Il fut adopté par Adrien et lui succéda en 138.

une isle nommée Antros, de laquelle les *reliques* (¹) se voient aujourd'huy à l'endroit où est la tour de Cordoüan, selon l'opinion de plusieurs, et ainsy qu'a très bien observé maistre Louys de Foix, excellent architecte et ingénieur du Roy, en jettant les fondemens d'un nouveau fanal au dit lieu de Cordoüan. »

Au commencement du xvıı⁰ siècle, Cordouan était déjà le but de voyages. Nous lisons, en effet, à la date du 12-13 juillet 1604, dans le minutieux journal du pasteur Merlin, la notation suivante :

« Le jour xı juillet 1604, je suis allé coucher à La Roche, chez M. L'Enfermie; le 12, nous arrivasmes de bon matin à Soubize et allâmes avec M. Chevallier, ministre du dit lieu, disner à St-Jean d'Angle, chez M. Berger, pasteur du dit lieu, puis allasmes soupper et coucher le mesme jour à Saujon, chez M. Bernet le jeune, ministre du dit lieu ; le 13, nous allasmes déjeuner de bon matin à Royan et allasmes après déjeuner voyr la *tour de Cordouan;* le mesme jour, nous revimmes coucher à Saujon. » [Gaberel, *Histoire de l'Église de Genève*, tome II, documents, page 202. Il y avoit alors une vingtaine d'années qu'on travailloit au phare de Cordouan, dont la première construction ne fut terminée qu'en 1610 (²).]

III

A l'exception des quatre premiers documents et du septième, toutes les autres pièces de ce recueil, au nombre de cinquante-quatre (³), appartiennent aux dossiers de l'Administration des Ponts et Chaussées.|

Il n'était pas facile, dans ce malheureux temps de guerres de religion (1590), de recouvrer les sommes utiles à la construction

(¹) Pour *restes.*

(²) Extrait du livre du pasteur Moutarde : *Les Eglises réformées de Saujon et de la presqu'île d'Arvert.* Paris, librairie Fischbacher, 33, rue de Seine, 1892, pages 25-26.

(³) Ensemble cinquante-neuf documents.

de la nouvelle tour. La lettre pressante de Loys de Foix au maréchal de Matignon nous en fournirait la preuve, si nous en doutions
(doc. n° II).

La sommation de la demoiselle du Chalard (doc. n° IV), agissant
pour son frère, gouverneur de la tour de Cordouan, aux trois bourgeois de Bordeaux, chargés de la recette des droits de la dite tour,
d'avoir à remettre les fonds en leurs mains, n'est pas la moins
curieuse de ces pièces, et quelles conséquences entraîne ce manque
de bonne foi! Abandon de la tour par le gardien du Cod; donc, pas
de fanal allumé la nuit, et nombreux naufrages..... Nous avons
donné dans notre deuxième recueil, pages 70-71, à la date du
7 mai 1655, la copie d'une supplique de ce pauvre gardien aban-
donné *seul pendant une année* sur les rochers de Cordouan!

Le septième document est le contrat de vente en faveur du Roi
du moulin de la baronnie d'Arès, à Soulac, où nous voyons messire
Claude-Louis Aubert de Tourny, chevalier, marquis de Tourny, etc.,
représenter le Roi dans cet achat.

La neuvième pièce est relative au premier établissement d'un
feu à réverbère sur la tour de Cordouan par l'ingénieur Teulère,
de 1782 à 1783.

Les dixième, onzième et douzième documents qui suivent, sont
le prélude des grands travaux du surhaussement de la tour,
élaborés par Teulère, Jallier et le chevalier de Borda (1786 et 1787).

Les pièces qui viennent ensuite, du 10 juillet 1788 au 5 juin
1789, se rapportent toutes à cette délicate et difficile entreprise,
menée si heureusement à bonne fin par l'habileté et la prudence
de Teulère pendant le règne de Louis XVI (¹) et le ministère de
M. le comte de La Luzerne.

(¹) Louis XVI s'intéressait beaucoup aux découvertes des Bougainville, des Cook, des
Surville et autres navigateurs qui ont illustré la deuxième moitié du xviii° siècle; il
avait de grandes connaissances en géographie et traça, dit M. Alfred Nettement dans

Nous passons ensuite au 20 février 1793. Nous sommes en pleine Révolution. La tour a besoin d'un grand et pressant entretien; le feu à réverbères donne lieu aux réclamations des marins, qui regrettent le feu de charbon. Teulère propose d'augmenter le diamètre des mèches pour rendre la lumière plus brillante. Son projet est adopté et le maintien provisoire du feu à réverbères décidé par le ministre (20 mai 1793).

Les vingt-quatrième, vingt-cinquième et vingt-sixième documents sont relatifs aux fonds destinés aux réparations de la tour et des balises des côtes de Saintonge et du Médoc.

Le vingt-septième est l'établissement à la tour des nouvelles lampes à lumière plus brillante de Teulère (26 juillet 1793).

Le vingt-huitième document, du 20 au 24 août 1793, est la critique, par un capitaine de navire, du changement du feu de charbon par l'éclairage des réverbères. Les meilleurs progrès ont, de tout temps, rencontré des difficultés à triompher de la routine; ce rapport le prouve bien.

Les pièces vingt-neuf à quarante-deux, du 29 septembre 1793 au mois de mai 1799, accusent la sollicitude, pendant cette période mouvementée de notre histoire, des divers pouvoirs qui se sont succédé à l'entretien de la tour et de son fanal et au règlement, quelquefois tardif, des travaux qui y furent exécutés. Nous rencontrons avec le nom de Teulère ceux des ministres devenus célèbres, les Truguet, Pléville Le Pelay, Maurice de Talleyrand-Périgord, etc.

Nous recommandons au lecteur l'extrait du mémoire de Teulère en date du 11 avril 1799, où il se dévoue pour porter des provi-

sa *Vie de Marie-Thérèse de France, duchesse d'Angoulême,* le programme du voyage du célèbre et infortuné La Peyrouse.

Plus près de nous, Louis-Philippe l'imita, car c'est d'après ses ordres formels que Dumont d'Urville, commandant l'expédition des corvettes l'*Astrolabe* et la *Zélée* dans l'Océanie (1837-1840), fit une pointe aux glaces du pôle austral et découvrit les terres *Louis-Philippe* et *Adélie.*

sions aux ouvriers qui sont à la tour de Cordouan, en se servant de la *pinasse* du Verdon (¹).

Un des documents les plus intéressants de ce recueil est la lettre du 1ᵉʳ juin 1799 de Teulère au Ministre de la marine et des colonies (doc. XLIII), où il expose ses théories, confirmées par la pratique, sur ses curieuses expériences des mortiers faits à l'eau douce et à l'eau de mer.

Entre le 13 juillet 1799 et la fin de la dite année, les documents quarante-quatre à quarante-neuf déroulent les ennuis qu'eut à supporter l'entrepreneur des travaux de Cordouan Burguet, dont le nom est intimement lié à celui de Teulère.

Le cinquantième est le devis dressé par cet ingénieur des ouvrages urgents à faire à la tour en l'an VIII.

Le cinquante et unième, du 13 mars 1800, est le procès-verbal de visite des balises placées sur les côtes de Saintonge et du Médoc, à l'entrée de la Gironde.

Ce procès-verbal, en entier de la main de Teulère, est un travail des plus instructifs à lire. Disciple et collègue de Brémontier, il préconise l'ensemencement des dunes du littoral, qui pourront,

---

(¹) La pinasse, appelée aussi *tiolle,* est un bateau plat, pointu des deux bouts, mais élevé et élancé à l'avant. Cette embarcation originale est toute particulière au bassin d'Arcachon, coupé de bancs de sable, et où les échouages sont fréquents.

Chose à noter : il n'entre pas de fer dans la construction de ce bateau ; les chevilles qui lient les assemblages et consolident les bancs sont en bois, ainsi que les tollets et les taquets ; la broche seule qui tient le gouvernail extérieurement est en métal. La pinasse navigue assez bien à la voile, au vent arrière et au largue ; elle est très volage et demande une étude spéciale et beaucoup de prudence.

Il y a des pinasses de grandes dimensions pour pêcher en dehors du bassin ; elles sont montées par douze, quatorze et même seize marins. L'avant, bien défendu, permet à ces embarcations de traverser les grosses lames et les brisants. On comprend que l'ingénieur Teulère ait choisi ce bateau pour atterrir à Cordouan, où les lames sont toujours terribles.

L'amiral Jurien de La Gravière, dans son *Histoire du siège de La Rochelle,* pages 185 et suivantes, parle des pinasses de Saint-Jean-de-Luz et de Bayonne que le cardinal de Richelieu eut l'inspiration d'employer pour ravitailler le sieur de Toiras à l'île de Ré, investie par les Anglais, les Basques étant, à juste titre, réputés pour les premiers rameurs du monde.

par certains alignements, remplacer avantageusement les balises éphémères de la côte. Teulère est un véritable précurseur, et ce qu'il prévoyait il y a bientôt un siècle est un fait acquis, que personne ne songe aujourd'hui à contester.

Les pièces cinquante-deux à cinquante-sept sont l'échange de la correspondance, du 16 mars 1800 au 24 juillet de la même année, entre le Ministre de la marine, l'illustre Forfait, Teulère et le Commissaire principal de la marine à Bordeaux, pour le service et l'entretien de la tour.

La cinquante-huitième est l'état par exercice, dressé par Teulère, de la dépense à faire pour construire *un môle à Royan* (24 mai 1802); document utile à consulter de nos jours, où l'on s'occupe précisément, à près de cent ans de distance, à créer un établissement similaire dans cette charmante station balnéaire.

Enfin, le cinquante-neuvième et dernier document (25 mars 1803), qui n'est pas le moins intéressant, est la description complète par Teulère de la lanterne de Cordouan et de son mouvement, travail aussi détaillé que possible et d'une merveilleuse lucidité.

Nous remercions, en terminant, nos collègues de la Société des Archives historiques de la Gironde et particulièrement M. le conseiller Francisque Habasque, président, et M. Dast Le Vacher de Boisville, secrétaire général, du bienveillant empressement qu'ils ont mis à accueillir ces nombreux documents, qui paraîtront dans les tomes XXXII et XXXIII des publications de la Société.

La Bacqueyre (Villenave-d'Ornon), août 1897.

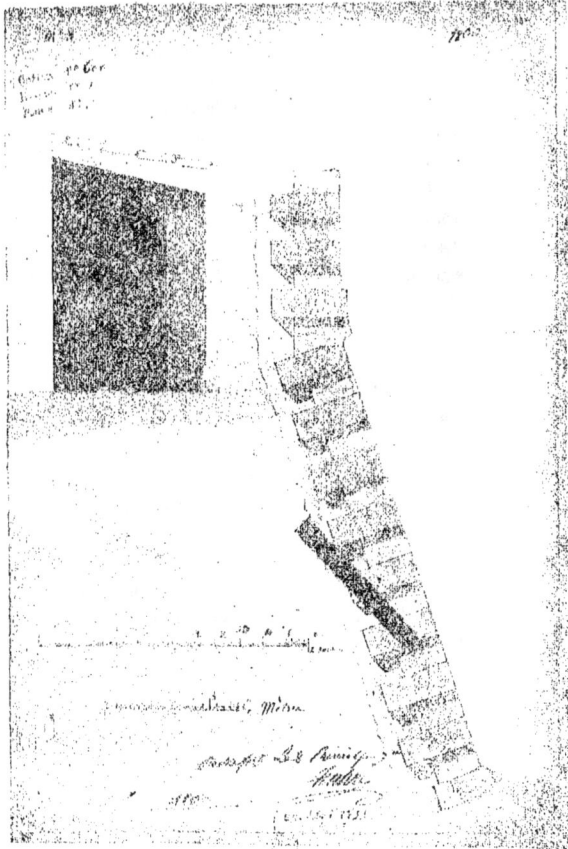

... ... align...ment, remplacer avantageusement les balises
... ... de la côte ... ...tière est un véritable ...curseur, et ce
... ...voyait il y a bientôt un siècle est un fait ... ...uis, que per-
...sonne ne songe aujourd'hui à contester.

Les pages cinquante-deux à cinquante-sept ... l'échange de
... correspondances ... du 16 mars 1860 au 24 juillet de la même
année, entre le Ministre de la marine, l'illustre Forfait, Dumère et
le Commissaire principal de ... ...rine à Bordeaux, pour le service
... ... de la tour.

Les ... ..., dressé par
l'un ... de la Régence ... ... môle à Royan
(27 mai 1802); document ... ... de nos jours, où l'on
s'occupe précisément ... ... de Graveley, à créer un
établissement ... ...station balnéaire.

Enfin, le ... ... et dernier document (25 mars
1850), qui n'est pas le moins intéressant, est la description ... ...
plète par l'auteur de la fameuse de Cordouan et de ... ...
aussi aussi détaillée que possible et d'une merveilleuse ... .

Nous remercions en terminant, nos collègues de la Société
des Archives historiques de la Gironde et particulièrement M. le
conseiller Francisque Boissque, président, et M. Dast Le Vacher
de Boisville, secrétaire général, du bienveillant empressement
qu'ils ont mis à accueillir ces nombreux documents, qui paraîtront dans les tomes XXXII et XXXIII des publications de la
Société.

La Bacqueyre (Villenave-d'Ornon), août 1897.

COUPE DU MUR D'ENCEINTE
DE
LA TOUR DE CORDOUAN
(1799)

Dessin Original de
l'Ingén. TEULERE

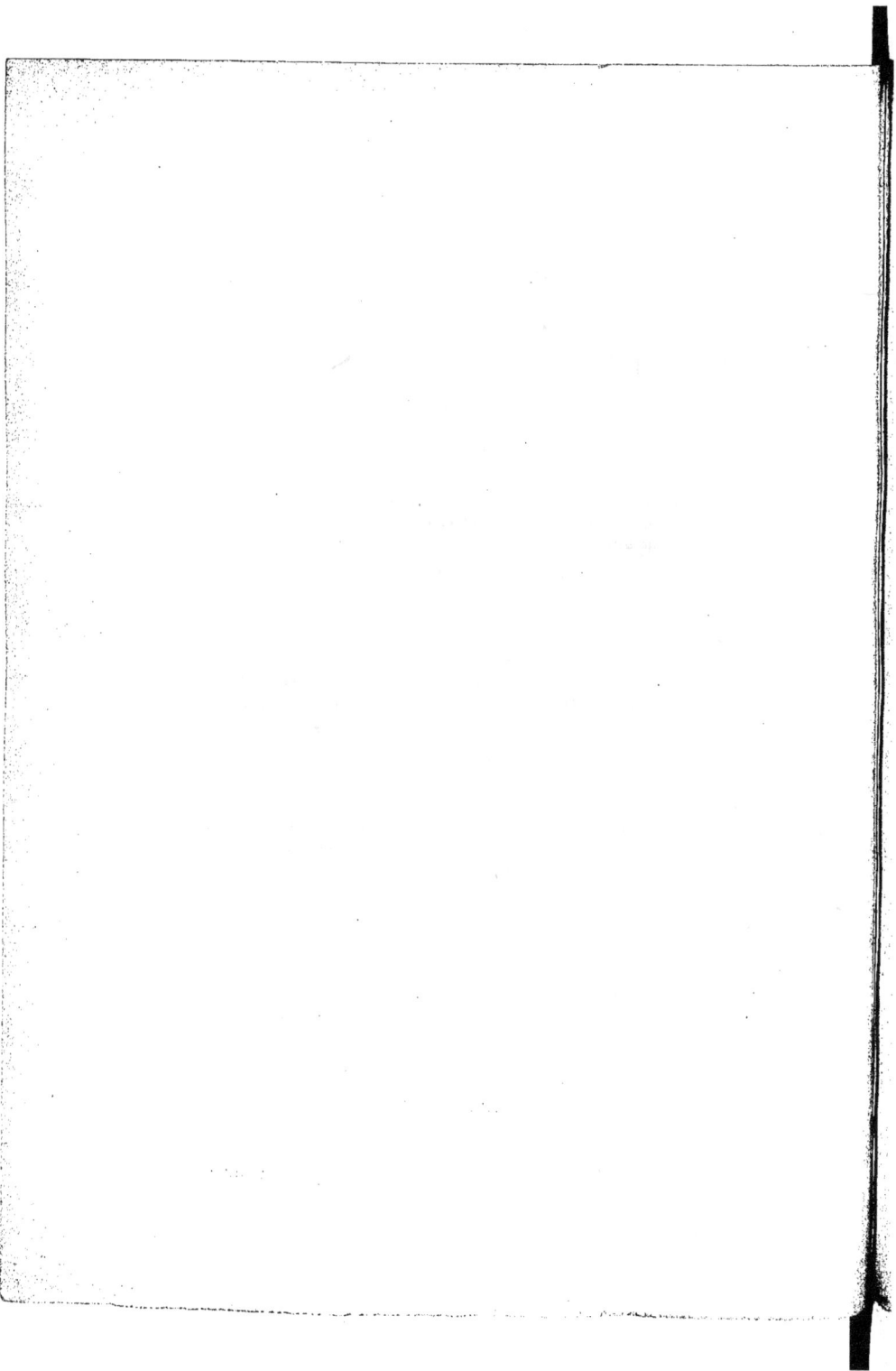

DOCUMENTS

SUR

ROYAN ET LA TOUR DE CORDOUAN

(1582-1803)

— — — ◆◆◆ — — —

LEVÉE d'une somme de quatre sols par tonneau sur les navires entrant dans la Gironde ou en sortant, devant être employés à la réédification de la tour de Cordouan.

Archives de la ville de Bourg.

———

DE PAR LE ROY :

A messieurs les Trésoriers généraulx de France establys à Bourdeaulx :
On faict scavoir à toutes personnes de quelque estat, quallité ou condition qu'elles soyent, que le Roy, par les lectres pattantes données à Paris le 22 febvrier dernier passé, a mandé ausdictz sieurs trésoriers généraulx faire lever sur chescune barque, navire ou autre vaisseau passant, allant ou venant aulz portz et hâvres de Bourdeaulx, Libourne, Bourg et Blaie, la somme de quatre solz pour le port de chescun thonneau, durant deulx années seulement, outre l'imposition que Sa Magesté a ordonné estre faicte sur aucuns païs dénommez ausdictes lectres pattantes, pour le tout estre emploié au restablissement et réédiffication *de la tour de Cordéan*, assize à l'entrée de la grande mer, servant de guyde et conduicte ausdictz navires et vaisseaulx entrant et sortant de la rivière de Gironde par le moien d'un phanal allumé de nuict au hault d'icelle tour; pour estre ladicte imposition de _____ receue par le comptable recepveur ordinaire de Bourdeaulx, soubz le contrerolle du contrerolleur de la comptablie.
A ceste cause, il est ordonné que pendant lesdictés deulx années com-

1

mençant le quinziesme de ce moys, il sera levé par ledict comptable, soit
[par force], ou aultrement sur lesdicts navires, barques et vaisseaulx
entrant et sortant ausdictz portz et hâvres, ladicte somme de quatre solz
pour le port de chescun thonneau, le tout suyvant lesdictes pattantes,
outre ce qu'il est accoustumé lever pour ladicte tour; à la fin qu'il ne soyct
sur ce prétendu cause d'ignorance, est enjoinct au premier huyssier des
finances, aultre huyssier ou sergent royal, proclamer ceste présente à son
de trompe et afficher coppie d'icelle en lieulx accoustumés desdictz ports
et hâvres.

Faict au bureau de la Trésorerie généralle de France, estably à Bourdeaulx le douziesme jour de juing mil v. c. quatre-vingtz-deulx.

Ainsin signé Delalane, vidimé et collationné a esté la présente coppie
à son original par nous notaires royaulx soubsignés, à la requeste de
messieurs les maire et juratz de la ville de Bourg, en icelle dicte ville
de Bourg, heure de huict heures du matin, le séziesme du mois de juing
mil cinq cens quatre-vingtz-deulx.

COSSON, notaire royal; DEYQUEN, notaire royal.

LETTRE de Louis de Foix au maréchal de Matignon, lieutenant général pour le Roi en Guyenne.

Archives du palais de Monaco. Fonds Matignon, J. 21.

Monseigneur,

J'ay receu la lettre qu'il vous a pleu m'envoyer et entendeu par icelle
l'afection que vous avez que l'œuvre de Cordoan soict continuée suyvant
la volonté du Roy, ce que je desire infiniment, tant pour me tirer hors
d'une sy fâcheuse entreprise que pour estre acquité envers plusieurs
personnes qui me molestent, par chacun jour, pour recouvrer les sommes
que leur doibz, comme le capitaine Sainct-Aulady pour 1,250 escuz à luy
deubs du reste de XVIIᶜ L escuz dont il en a faict ung transport à ung
marchant de ce pays, pour raison duquel il tâche de me fere metre en
prison, comme faict aussy Le Rousseau pour 1,000 escuz, un Menault de
la Vie pour 700 escuz, le tout pour danrrée et marchandise qu'ils ont

fournies pour ladite œuvre de Cordoan et à tous lesquelz, comme à plusieurs aultres, pour raison de ce je suis obligó par corps.

D'ailleurs une infinité d'ouvriers, pour leurs sallaires, me tiennent en procès, tant en la court de Parlement que ailleurs et me font consumer en frais et despenses pour resister et me deffendre jusques à ce que ils ayent leurs payemens, ainsy, Monseigneur, qu'avez peu entendre par ma requeste, sur laquelle il vous a pleu ordonner que Sa Majesté sera supliée que pareille imposition, sy-devant faicte, pour la rediffication de ladite tour sera faicte en l'année presente sur la Generalité de Guyenne, en attendant aultres plus grandz moyens, ce quy seroit très bon, sy cela se pouvait efectuer; mais il est impossible d'en pouveoir recouvrer ung soulz par tel moyen à l'ocasion des païs occupés en cestedite generalité, tellement que lorsque l'on auroict obtenu des provisions de Sadite Magesté, pour cedit effect, icelles ne pourroient réussir, sy touteffois il sembleroit au Conseil avoir donné quelque moyen pour ladicte continuation. Au moyen de quoy, je vous suplie très humblement, Monseigneur, qu'il vous plaise de vostre grâce donner advis à Sa Magesté d'imposer ung escu par thoneau sur tous et chacuns les navires qui passent, entrant et sortant par devant ladite tour jusques à la concurrance de ce qu'il m'est deu et de la perfection de ladite œuvre et que les deniers en soient livrés à Thalamond ou à Royan, ou aultre lieu qu'il plaira à Sa Magesté ordonner pour employer audilt effect, car autrement il est imposible de parascheber jamais cedit bastiment et d'acquiter les debtes qui ont esté sur ce créées et desquelles j'en suis en grande perplexité comme ung chacun set et en arrière de tous mes moyens, espérant par votre faveur en estre quelconque pour récompense.

Dieu aydant, je le suplieray, Monseigneur,

Vous maintenir en prosperité, santé et heureuse vie.

De Bayonne, xxix janvier 1590.

Vostre très humble et obeissant serviteur,

Loys de FOIX.

A Monseigneur, Monseigneur de Matignon, maréchal de France et lieutenant général pour le Roy en Guyenne, à Bourdeaux.

EXTRAITS des délibérations des jurats de Bordeaux relatives
à la tour de Cordouan.

Archives municipales de Bordeaux, série JJ : Inventaire sommaire des registres
de la Jurade (1520 à 1783).

TOUR DE CORDOUAN

1601, 12 avril. — Il est notté sur le registre que, par le contrat que
le Roy avoit passé avec Louis de Foix, entrepreneur des traveaux de
Cordouan, il luy avoit été accordé 36,000 écus sur les deniers et l'imposition faite à Bordeaux pour l'extinction des subsides de Royan et du
convoy, sans que ledit de Foix eût peu en être payé, quoiqu'il eût obtenu
des lettres patentes (f° 14).

1619, 6 février. — Le 27 mars 1604, Conrad Gaussen est autorisé par
les Jurats à poser et entretenir des barrils à l'entrée de la Garonne, au
pas des Anes, creux des Espagnols et pas de Grave, qui sont les endroits
périlleux de l'entrée.

Conrad Gaussen fit cession de son droit en faveur de Priam-Pierre
Duchalard, commissaire ordinaire des guerres et capitaine de la tour de
Cordouan et de la marine.

1619, 6 février. — Mrs les Jurats, après avoir vû le procès-verbal fait
en Jurade à la requête de Conrad Gaussen du 6 février 1613, l'arrêt du
Conseil donné en sa faveur le 27 mars 1604, par lequel il luy est atribué
le droit de poser et entretenir des barrils à l'entrée de la Garonne aux
pas des ânes, des Espagnols et de Grave, qui sont les trois endroits
périlleux de ladite entrée, cession dudit droit fait par ledit Gaussen en
faveur de Priam-Pierre Duchalard, commissaire ordinaire des guerres et
capitaine de la tour de Cordouan et de la marine, consentement de Mr de
Guérin, cy-devant jurat, et de Mr le procureur-sindic, du 22 juin 1618,
requette présentée au Roy par le sr Duchalard, pour jouir du bénéfice
octroyé par le susdit arrêt, arrêt du Conseil du 21 juillet 1618 ,qui

renvoit la requette dudit Duchalard à M^rs les gens du Roy au parlement
de Bordeaux, pour qu'avec M^rs les jurats ils donnassent leur avis à
Sa Majesté de la comodité ou incomodité dudit établissement, commission
adressée aux gens du Roy du 28 du même mois de juillet, avec la requette
dudit Duchalard auxdits commissaires aux fins de l'exécution de ladite
commission :

. Estiment que de tous les tems l'entrée de la rivière a été dangereuse
aux endroits appellés pas des Anes, creux des Espagnols et pas de
Grâves, où il s'y faisoit très souvent des naufrages; qu'il seroit très utille
de mettre des marques qui servissent de guide aux mariniers pour éviter
ces endroits; qu'ils s'en remétoient à ce qu'il plairoit à Sa Majesté
ordonner pour les droits dudit Duchalard après l'établissement des barrils
et balises, sans que les bourgeois et habitans de la ville ni autres trafiquant
sur les rivières de Gironde, Garonne et Dordogne fussent tenus de rien
payer, mais seulement les étrangers et Mrs Duval, jurat, et le procureur-
sindic sont députés pour aller porter cet avis à M^rs les gens du Roy, ce
qu'ils firent le 7 du même mois (f° 67).

1629, 21 novembre. — Députation de Mrs de Bonalgues et Dorat,
jurats, pour aller voir si le Parlement trouvoit à propos qu'il fût fait une
assemblée des Cent et Trente au sujet des balises que le s^r Duchalard avoit
mises dans la mer, pour sçavoir si elles étoient utilles; à leur retour ils
raportent que la Cour trouvoit bon que ladite assemblée fût faite et qu'elle
avoit député des commissaires. En conséquence, cette assemblée fut faite,
et le procès-verbal d'icelle mis en liasse (f° 33).

1646, 15 février. — François Decol, garde de la tour de Cordouan,
donne avis que tout l'édiffice de ladite tour alloit tomber en ruine s'il
n'étoit promptement réparé; que la mer avoit rompu plus de 40 brasses
du *balus*, des cottés de l'ouest, surouest et sud; que la lanterne étoit
toute écartellée, et qu'il ne pouvoit plus monter au fanal pour y mettre
le feu ordinaire; de tout quoy il demande acte, qui luy est octroyé, et il
est délibéré qu'à cause de l'importance de ce phare pour la sureté de la
navigation et pour le bien général de toute la province, il seroit écrit au

Roy pour suplier Sa Majesté d'assigner un fonds pour réparer au plus tôt les brèches et le dommage de ladite tour (f° 169).

SOMMATION donnée au nom du gouverneur de la tour de Cordouan à trois bourgeois de Bordeaux pour avoir à remettre les fonds qu'ils avaient perçus en qualité de receveurs des droits destinés à l'entretien de cette tour.

Archives départementales de la Gironde, série EE. Minutes de Conilh, notaire royal, à Bordeaux.

Aujourdhuy douziesme de novembre mil six cent cinquante-trois, par devant moy, etc., a esté presante dam^{elle} Marye du Chalard, faisant pour Pierre-Priam du Chalard, conseiller du Roy et gouverneur de la tour de Courdouan, son frère, laquelle a dict que Pierre Ducasse, Guillaume Roux et Pierre Bonnet, bourgeois de Bourdeaux, ayant puis quelques années faict recepte des droicts destinés pour la garde et entretien de ladicte tour et fanal d'icelle, messieurs les Trésoriers de France, par ordonnance du troisiesme janvier dernier, mise au pied de la requeste par ladicte damoizelle audict nom presante, auroient ordonné que lesdicts Roux et Bonnet remettroient ez mains dudict Ducasse les deniers par eux perceus et qu'ils perceveroient par après destinés pour ladicte garde et entretien, pour estre par après délivrés par ledict Ducasse, avecq ceux qu'il auroit receus, ez mains dudict sieur Du Chalard ou de ceux quy auroient de lui ordre. Et bien que ladicte requeste et ordonnance leur ayt esté signiffiée dans le huyctiesme dudict moys de janvier et que François Du Cod, garde de ladicte tour, ayt esté constrainct d'abandonner ladicte tour faute d'avoir la subcistance, brinbaut, bois et autres choses nécessaires, et qu'il ayt, despuis six sepmaines qu'il est en ceste ville, interpellé verbalement iceux Ducasse, Bonnet et Roux de luy délivrer ou à ladicte damoizelle, pour ce faire, les deniers qu'ils ont en leurs mains destinés à cest effect, ils n'en ont ny n'en tiennent aucun compte, ainsy réservés les droicts du Roy entre leurs mains, quy cause *que ladicte tour demeure sans garde et le fanal sans feu.*

C'est pourquoy ladicte dam^{elle} audict nom a sommé et somme par ces présantes iceux Ducasse, Bonnet et Roux de satisfaire à ladicte ordonnance, autrement et faute de ce faire proteste contre eux des pertes et accidants quy pourroient arriver, faute de pouvoir garder ladicte tour et entretenir le feu dudict fanal, mesme du séjour dudict Du Cod en la présante ville, de tous despans, dommages-intérels et généralement de tout ce qu'elle, audict nom, peut et doibt profiter, et du tout cy-dessus a requis acte de le vouloir notiffier auxdicts Ducasse, Bonnet et Roux, affin qu'ils n'en prétendent cause d'ignorance.

Faict à Bourdeaux, le susdict jour, présants Jean Aquart et Jean Hugon, habitants dudict Bourdeaux, tesmoings à ce requis.

MARIE DU CHALARD, AQUART, JEHAN HUGON.

MÉMOIRE dressé pour démontrer l'utilité de la tour de Cordouan.

(Pièce nº 1, original sur papier.)

(Tous les documents relatifs à la tour de Cordouan ont été trancrits et communiqués par M. Gustave Labat, et, sauf indication contraire, sont extraits des *Archives* des Ponts et Chaussées du département de la Gironde, *Service maritime*, dossier A, carton coté nº 599.)

Mémoire sur la scituation et utilité de la tour de Cordouan.

Les bâtiments qui composent cette tour sont de riches monuments de la magnificence des roys Henri III et IV, sous les règnes desquelz elle a esté bâtie.

Elle est établie sur un rocher, qui étoit autrefois plus élevé, et formoit une habitation appellée, selon la géografie de Pomponius Mella, l'isle d'Antras, scituée à l'embouchure de la rivière de Gironde ou Garonne; mais la mer en a mangé la superficie jusqu'au vif roc, et c'est dans ce roc que l'on a creusé les fondements de ce bel édifice.

Les matériaux sont de grands blocs de pierre de taille, qui y a esté voiturée trois lieues par terre et autant par mer.

Si l'architecture du dehors a esté régulièrement observée, celle du dedans est baucoup plus magnifique et délicate, principalement la chapelle, qui est l'endroit le plus considérable; l'architecture, la sculture et les bustes y sont travaillés avec toute la précision possible; les pavés de marbres à cartouches et à compartiments sont aussy très proprement travaillés.

Il y a une citerne, caves, chambres, cabinets, salle à manger; enfin il y a dans la fosse-braye des cuissines, magazins, forges, buchers et les autres commodités nécessaires à ceux qui ont soin de l'entretien des feux et des bâtiments.

La fin pour laquelle elle a esté élevée, avec une très grande dépense, au milieu de la mer, en un lieux où à peine peut-on aborder dans un temp calme, n'a esté que dans la vûe d'y entretenir un fanal pour servir de guide aux vaisseaux et leur faire éviter les rochers dont l'embouchure de la Garonne est remplie.

Un pareil feu s'alume à la pointe de St-Denis de l'isle d'Oléron et un autre à la pointe des Baleines de l'isle de Ré; ces trois feux sont d'un grand secours aux vaisseaux dans les tourmentes de nuit (¹).

Il est donc très important que ces feux soient exactement allumés, et pour leur entretien il a esté fait des devis très exacts dans lesquelz il est expliqué les heures que ces feux doivent estre allumés le soir, et l'heure qu'ils doivent finir le matin, le tout par rapport à la longueur des nuits et des crépuscules, calculéez à chacun quinzaine des douze mois de l'année.

Pour l'entretien des feux et des bâtiments de cette tour, il avoit esté fait marché avant l'année 1696 à 3,930 livres par an. Deffund M. Bégon, intendant de la généralité de La Rochelle (²), y envoya le sʳ Buisson, ingénieur à Rochefort, et le chargea de bien examiner toutes les parties qui composent cet entretien, et de voir si on ne pourroit pas en diminuer le prix, ce qu'il fit; et après qu'il eût fait connoître au nommé Dudoüet, qui avoit cet entretien depuis trente ans, que le prix en étoit exorbitant, il porta cet entrepreneur à faire une déduction de 1,450 livres, et réduisit cet entretien à 2,500 livres, et Mʳ Bégon lui en fit un nouveau marché sur ce pied-là; ledit Dudoüet en a jouy jusqu'à la fin de juin 1709, auquel temps, ayant esté faite une autre adjudication, cet entretien auroit encore esté réduit à 2,440 livres.

Pour l'entretien de ces feux et des bâtiments de ladite tour, il a esté cy-devant imposé un droit de 12 sols ou 12 sols 6 deniers sur tous les vaisseaux françois et étrangers qui naviguent dans la Garonne. Ce droit se perçoit à Blaye; mais la fin pour laquelle il a esté étably n'a point son exécution, car des particuliers sans aucun mérite personnel et mesmes d'un mestier qui n'a aucun rapport aux grâces du Roy, en ont obtenu le don de Sa Majesté ([3]).

Il se perçoit un pareil droit pour l'entretien des feux de la tour de Chassiron, à la pointe de St-Denis de l'isle d'Olléron, qui n'estoit cy-devant affermé que 800 livres, et l'entretien seul des feux revenoit, compris l'inspecteur commis pour les faire allumer, à 3,960 livres. Cette affaire ayant encore esté examinée à fond, nouvelle adjudication a esté faite au mois de mars dernier, l'un pour l'autre, c'est-à-dire que l'on a cedé au nouvel entrepreneur la perception de ce droit, pour la valeur duquel il entretient les feux et paye l'inspecteur de la tour de Chassiron, et le Roy en est entièrement déchargé et ne paye plus rien pour cet entretien.

On pourroit, si Sa Majesté l'avoit agréable, faire un pareil examen pour la tour de Cordouan, et sy l'on trouvoit que ce droit monta à une plus haute somme que le prix de l'entretien des feux et des bâtiments de ladite tour, on pourroit l'employer à payer ce qui se donne à l'ingénieur à la conduite duquel le soin de cette tour est confié, moyennant quoy Sa Majesté seroit entièrement déchargée dudit entretien, comme elle l'est de celluy de Chassiron, à la réserve néantmoins des réparations, qui pourroient arriver par la chute du tonnerre et par les tourmentes de la mer.

Fait à Rochefort, le 17 may 1710.

([1]) *Nota.* Quantes fois, il y en avoit aussy un au clocher de Marennes.
([2]) *Nota.* Qu'avant 1696 cette tour deppendoit de la généralité de Bordeaux.
([3]) Ce sont huissiers et greffiers du Parlement de Paris.

ARRÊT du Conseil d'État. — **Paiement des travaux de réparation de la première enceinte de la tour de Cordouan.**

(Pièce nº 2, original sur parchemin.)

Extrait des registres du Conseil d'Estat.

Le Roy aiant été informé que l'impétuosité de la mer avoit causé au mois de janvier un dommage considérable à la première enceinte de la tour de Cordouan, et que celuy qui est chargé de l'entretien de ladite tour et des murs qui en dépendent, n'étant obligé qu'aux réparations qui n'exèdent pas demie-toise quarrée, ne pourroit estre tenu des ouvrages qu'il estoit nécessaire de faire pour réparer ce dommage, le sieur de Beauharnois, commissaire departy en la généralité de La Rochelle, auroit commis le sieur Huot, ingénieur entretenu dans ladite généralité, pour en faire l'estimation et dresser les devis, en conséquence desquels il auroit esté procédé à l'adjudication desdits ouvrages le trente may de l'année dernière mil sept cent douze, qui se sont trouvé monter à la somme de trois mil quatre cent quarante-trois livres onze sols six deniers, suivant le toisé et acte de réception dudit sieur Huot ; et attendu qu'il a esté payé à compte de ladite somme celle de quatorze cent dix livres quatorze sols neuf deniers du revenant bon de trois mil trois cent cinquante livres ordonnancées pour pareilles réparations à faire à ladite tour par arrest du Conseil du vingt-six may mil sept cent onze, il ne reste plus à faire fonds que de la somme de deux mil trente-deux livres sept sols neuf deniers, à quoy estant nécessaire de pourvoir, ouy le rapport du sieur de Maretz, conseiller ordinaire au Conseil royal, controlleur général des finances, Ss Majesté en son Conseil a ordonné et ordonne que ladite somme de deux mil trente-deux livres sept sols neuf deniers, à laquelle monte partie des réparations faites à ladite première enceinte de ladite tour de Cordouan pendant l'année dernière mil sept cent douze, sera employée dans l'estat des finances de la généralité de La Rochelle pour l'année prochaine mil sept cent quatorze, ensuitte de celle de deux mil cinq cents livres destinée à l'entretien des feux et bâtiments de ladite tour, pour ladite somme de deux mil trente-deux livres sept sols neuf deniers estre payée à l'adjudicataire par le receveur général des finances en exercice laditte année mil sept cent quatorze sur les ordonnances dudit sieur commissaire departy, en vertu du présent arrest.

Fait au Conseil d'estat du Roy, tenu à Versailles le septième jour de février mil sept cent treize.

Collationné.   HOUSON.

Au dos :

Papiers concernant la tour de Çordouan.

-----------◆-----------

CONTRAT de vente en faveur du Roi du moulin d'Arès à Soulac.

Archives départementales de la Gironde, série E, 1028. Minutes de M. Duprat, notaire royal, à Bordeaux.

Aujourd'huy vingt-quatre du mois de novembre mil sept cent cinquante huit, après midy,

Par-devant nous, conseillers du Roy, notaires à Bordeaux, soussignés, fut présente dame Pétronille de la Ville d'Arès, épouse de messire Christophe de Barthomé de Barbeau, écuyer, chevalier de l'ordre royal et militaire de Saint-Louis, demeurant dans son château de Taupignac, parroisse de Saint-Vivien de Breuillet, en Saintonge ; ladite dame étant de présent en cette ville, logée chés le nommé Carignan, cordonnier, sur les fossés des Tanneurs, parroisse Sainte-Eulalie, agissant en son nom particulier et en celuy dudit sieur son époux, en vertu du pouvoir verbal qu'elle a dit en avoir et auquel elle promet de faire approuver et ratiffier les présentes et d'en rapporter l'acte en forme dans le mois, aux peines de droit, laquelle a vendu et promis garantir de tous troubles, dette, hipotèques et autres empeschemens à haut et puissant seigneur messire Claude-Louis Aubert de Tourny, chevalier, marquis de Tourny, maître des requettes et intendant de Bordeaux, faisant et agissant pour le Roy, en conséquence des ordres du Conseil, et en cette qualité acceptant, savoir :

Un moulin à vent, situé près l'ancienne église parroissiale de Soulac, à ladite dame d'Arès appartenant de son chef propre et particulier, ensemble toutes les appartenances et dépendances d'yceluy, pour du tout jouir et disposer par ledit seigneur marquis de Tourny, audit nom, comme de chose à luy propre et appartenant; auquel effet ladite dame luy transporte tous les droits et propriété et autres qu'elle a et peut avoir sur ledit moulin et dépendances, dont elle fait remise à son profit, veut que ledit seigneur de Tourny, toujours audit nom, en soit vêtu et saisi.

A ledit seigneur, marquis de Tourny, fait ladite acquisition pour être ledit moulin nécessaire de servir, avec l'ancienne église, de balise aux vaisseaux d'entrée et sortie de la rivière, aux fins de la plus grande surreté de la navigation et commerce.

Ladite vente ainsy faite au profit de Sa Majesté, moyennant la somme de cinq mille livres pour le prix principal et toute indemnité quelconque, laquelle somme ledit seigneur marquis de Tourny a présentement fait payer à ladite dame d'Arès, qui l'a reçue et déclaré donner quittance.

Lequel susdit moulin avoit ci-devant été afermé deux cent quarante livres par le nommé Jean Bagas, ainsy qu'il est justiffié par l'acte du vingt-six août dernier, passé devant Audoy, notaire en Guienne, controllé à Lespare, le lendemain.

Et pour l'entretenement de ci-dessus, a ladite dame d'Arès obligé tous ses biens, meubles et ymmeubles présens et à venir et ceux dudit sieur son mari, qu'elle a le tout soumis à justice.

Fait à Bordeaux, dans l'hôtel de l'Intendance, et ont signé :

· AUBERT DE TOURNY; D'ARÈS DE BARBEAU; RIDEAU et DUPRAT, *notaires royaux*.

Et le septième décembre audit an mil sept cent cinquante-huit, est comparu par-devant les conseillers du Roy, notaires à Bordeaux, soussignés, sieur Jean Rigal, bourgeois, demeurant à Bordeaux, rue Ste-Catherine, paroisse Puy-Paulin, lequel, comme porteur de l'acte cy-après contresigné, *ne varietur*, remis et déposé pour demeurer au présent contrat cy-avant et des autres parts; ledit acte portant ratiffication dudit contrat, de la part dudit sieur Christophe Barthomé de Barbeau, du trois de ce mois, passé par-devant Me Cotard, notaire royal à La Tremblade, en Saintonge, duement controllé le même jour. — Dont acte.

Fait à Bordeaux, dans l'étude de Duprat, l'un de nous, et ont signé :

RIGAL; FATIN et DUPRAT, *notaires royaux*.

**DEVIS des travaux à faire aux vigies de la côte, aux tours de la Bonnance
et au Verdon, dans le courant de l'année 1782.**

(Pièce nº 3, original sur papier.)

*Devis et détail estimatif des ouvrages de maçonnerie, charpenterie, fassinages,
transports de sab'e, couvertures et peinture à faire aux tours de la Bonnance,
clocher de Saint-Palais, magasin de Royan, clocher de Saint-Pierre de Royan,
aumônerie du Verdon et tours de Soulac, pendant le courant de l'année 1782.*

TOURS DE LA BONNANCE

Article 1ᵉʳ. — Travaux d'une seconde enceinte dans les sables, fagots,
perches de bois de pin, etc., etc. . . . .   733 l. 14 s. » d.

Art. 2. — Changement de pièces de bois à la
plate-forme d'une des tours dans les dunes de
sable, etc.   791   16   4

Art. 3. — Changement de pièces à la tour qui est
sur le bord de la mer, etc.   369   1   »

Art. 4. — Pour les ferrements à changer aux
deux dites tours de la Bonnance.   222   15   »

Art. 5. — Peinture à employer aux deux mêmes
tours, qui n'ont pas été peintes depuis six ans. . . .   2,169   14   6

CLOCHER DE SAINT-PALAIS

Art. 6. — Crépissage de la maçonnerie, fourniture de cadres de petites jalousies afin que les
oiseaux n'entrent pas dans ledit clocher, etc.   90   »   »

Art. 7. — Pour réparation à la toiture du clo-
cher, etc.   99   »   »

Art. 8. — Remplacement des bois pourris de la
flèche en charpente du clocher et peinture, etc. . . .   564 l. 16 s. 11 d.

MAGASIN DE ROYAN

Art. 9. — Rejointoyage des murs, etc.   44   6   8

Réparation du mur entourant la plate-forme. . . .   126   13   4

À reporter. . . . . .   5,211 l. 17 s. 9 d.

Report.	5,211 l.	17 s.	9 d.
Art. 10. — Réfection de l'escalier de la marée. . .	274	11	»
Grattage des voûtes pour enlever le nitre qui ronge la pierre.	60	»	»
Blanchissage de la cuisine, du corridor et de l'escalier.	12	16.	»
Art. 11. — Réfection d'une arcade dans la cour, du côté du grand magasin.	103	19	9
Art. 12. — Consolidation d'une arcade qui supporte les dalles de la plate-forme du même magasin (fondements).	28	6	8
Art. 13. — Construction du parpaing de consolidation.	198	14	1
Art. 14. — Réfection et blanchissage des plafonds.	186	»	»
Recherche de toutes les voyes d'eau.	26	13	4
Art. 15. — Rejointoiement de la plate-forme. . . .	61	16	8
Art. 16. — Changement du carrelage, remplacé par un plancher, dans la salle et la chambre à coucher, réparation qui s'impose au point de vue hygiénique :			
Soliveaux.	318	3	2
Planchers.	290	3	6

CLOCHER DE SAINT-PIERRE DE ROYAN

Art. 17. — Remplacement des lambris du clocher par une voûte en pierre.	1,082	5	3
Art. 18. — Réfection de la couverture du clocher en ardoises.	261	1	8

TOURS DE SOULAC

Art. 19. — Ces deux tours ont besoin de grandes réparations, les bois seront raclés et repeints, etc. . .	2,169 l.	14 s.	6 d.
A reporter	10,286 l.	3 s.	4 d.

Report. . . . . 10,286 l. 3 s. 4 d.

Il sera fourni des pilotis pour la tour placée sur le bord de la mer.

Art. 20. — Pour le dessus de la plate-forme, en sable, fagots, perches et liens de bois, il sera employé pour. . . . . 984 » 4

MAISON DE L'AUMONERIE AU VERDON

Art. 21. — Réparations à la toiture de la chapelle. 86 14 4

Il sera fait aussi une recherche exacte des gouttières. . . . . 43 1 »

Art. 22. — Pour l'ouverture d'une porte de communication. . . . . 4 » »

Art. 23. — Fourniture d'une plaque de fonte, pelle, pince, etc., pour la chambre haute . . . . . . 38 » »

Blanchissage au lait de chaux et crépissage. . . . . 50 » »

Art. 24. — La chapelle et le logement de l'aumônier sur le bord de la mer sont exposés aux insultes et rapines des gens mal intentionnés; il sera fait une clôture pour former cour et jardin. 1,630 13 10

Total général. . . . . . 13,119 l. 12 s. 10 d.

Art. 25. — Conclusions, etc.

Récapitulation : Cordouan. . . . . 23,495 l. 2 s. 5 d.
— Vigies de la côte. 13,119 11 10

Total général. . . . . . 36,614 l. 14 s. 3 d.

Nota. — Le devis des travaux à faire à la tour de Cordouan pour la somme de 23,495 l. 2 s. 5 d. ne se trouve pas dans le dossier des Ponts et Chaussées.

ÉTABLISSEMENT sur la tour de Cordouan d'un feu à réverbère.

(Pièce n° 4, original sur papier.)

LANTERNE ET MACHINE DU RÉVERBÈRE

Pour établir la machine en cuivre, il a été convenu que le plancher [1] sous la voûte seroit établi à dix pieds deux pouces deux lignes au-dessous du sol de la lanterne, et que, pour éclairer cette machine, les croisées seroient prises immédiatement au-dessous de la grande corniche.

La lanterne en fer conservée a 13 pieds de diamètre intérieur, mais réduite à 16 poteaux au lieu de 20 ; les huit principaux poteaux auront toujours deux pouces 6 lignes en quarré, mais les huit poteaux intermédiaires seront réduits à un pouce d'épaisseur sur deux pouces 6 lignes de largeur.

Les traverses horizontales sur la hauteur de la lanterne seront espacées à 3 pieds de hauteur, afin de n'en avoir aucune coupant les réverbères.

Il a été convenu, en outre, qu'au lieu de placer des gueules de loup dans la petite lanterne supérieure, il seroit formé dans le socle de cette petite lanterne un chapiteau d'un pied de hauteur sur un pied de saillie, percé dans toute la circonférence d'une grande quantité de petits trous, pour faciliter la sortie de la fumée, et établir extérieurement une feuille de cuivre parallèle à la face du chapiteau, pour éviter que le vent ne fasse refluer l'eau dans la lanterne.

Convenu, en outre, que dans la partie inférieure de la corniche en cuivre qui couronne cette lanterne, il sera observé des trous de 6 à 7 lignes de diamètre, auxquels on adaptera des tuyaux de 12 à 18 lignes de longueur, et que, dans l'intérieur de cette lanterne, l'espace qui reste entre les tirants de la machine et la croix arquée sera garni par une feuille de cuivre clouée d'une part aux parois intérieurs de la lanterne et de l'autre fixée aux bras de la croix arquée.

Le but de cette doublure intérieure et des petits tuyaux dans la corniche est d'introduire de l'air dans la grande coupole pour chasser la fumée en haut ou de la recevoir si elle descend, par la force du vent, et de lui donner une issue du côté opposé, sans descendre jusqu'au vitrage.

Par cet arrangement, la petite lanterne n'est plus utile au réverbère; mais elle est très essentielle pour désigner l'établissement de la marée et la direction des courants aux approches des écueils, qui sont à l'entrée de la rivière.

Convenu, en conséquence, que cette petite lanterne sera préparée pour recevoir trois ou quatre réverbères d'un pied de diamètre, dirigés du côté de la mer et portant la lumière sur la demi-circonférence du cercle du nord au sud, passant par l'ouest. Ces réverbères seront allumés à demi-flot et éteints à demi-jusant.

Pour nettoyer cette lanterne extérieurement, il sera fait une petite galerie de 18 pouces de saillie au pourtour, sur 30 pouces de hauteur.

Il a été reconnu que, pour percer la voûte sur le sol de la lanterne, il faut avoir le plan de la machine dans cette partie, c'est-à-dire le plan des semelles, du bras qui tient le premier arbre, le plan de ce premier arbre avec sa lanterne, le plan du second arbre avec son pignon et le plan du cric.

Pour la machine en cuivre, le poids ne devant pas rester au centre de la tour, la corde qui le portera devra être renvoyée par un double cilindre, si on n'a pas la facilité d'établir le cilindre du mouvement où on voudra. Il faut donc encore le plan de cette machine en cuivre, afin d'établir le plancher en conséquence.

L'horloger est forcé de joindre aux deux plans qu'on demande deux coupes verticales, une sur la longueur et l'autre sur la largeur, de côter les dimensions et d'expliquer celles qui ne pourront pas l'être à cause de leur petitesse, afin de faire plier la construction aux besoins de cette machine, sans cependant embarrasser le centre de la tour, vu l'utilité des ouvertures pratiquées au milieu des voûtes et plancher, ni gêner l'escalier [2].

[1] D'après l'observation de M. Le Moyne, ce plancher sera baissé de deux pieds de plus, ce qui produira cinq pouces de plus de largeur de chaque côté B %.

[2] Cette note est en entier de la main de l'ingénieur Teulère; elle n'est pas datée, mais doit être des années 1782 ou 1783, époques où cet habile ingénieur s'occupait de remplacer le feu de charbon de la tour par un feu à réverbère.

**LETTRE de Teulère au sujet des réparations qu'il avait faites
à la tour de Cordouan.**

(Pièce n° 5.)

Bordeaux (Bacalan) (¹), 15 septembre 1786.

Monsieur,

Les diverses réparations que j'ay fait faire à la tour de Cordouan m'ont
donné occasion de l'étudier en détail dans toutes ses parties et de voir ce
que l'on peut faire pour luy donner toute la solidité possible.

Le petit escalier actuel, entièrement izolé du corps de la tour, est étably
en l'air dans la moitié de son diamètre; l'art de l'appareil a suffi pour
rendre cette construction solide, en soutenant son élévation au moyen de
plusieurs cercles et barres de fer, en répétant cette construction sur la
voûte de la chapelle intérieurement; l'escalier à construire sera également
solide, sans avoir besoin d'être soutenu, et ne portera que sur les murs
du grand escalier, qui eux-mêmes répondent aux fondements de la tour.

A l'égard des colonnes, pour ne pas multiplier le massif sur la voûte de
la chapelle, on ne construit qu'un mur d'un pied d'épaisseur; comme la
saillie de l'ancienne corniche est énorme et qu'il convient que la restauration proposée soit capable de soutenir la voûte du phare, indépendamment
des murs actuels, qui menacent ruine (auxquels on substituera un pilier
d'un pied ou quinze pouces de diamètre), on est forcé d'établir des contreforts, qu'il faut faire ronds, pour éviter les angles aigus, qui ramassent
une grande quantité de sel marin capable de ronger les pierres.

Il faut encore que les contreforts présentent au vent le moins de
surface possible; les colonnes remplissent ce double objet, et paraissent
être motivées par la richesse du reste de la tour, dont tous les étages
sont décorés d'ordres d'architecture dorique, corinthien et composite,
traités précieusement. J'ay fait choix de l'ordre ionique, comme tenant
le milieu entre les ordres exécutés.

A l'égard des efforts que cette restauration est capable de faire sur la
voûte de la chapelle, je vais, conformément à vos ordres, Monsieur,
appliquer les principes de la méchanique à toutes les parties de cette
construction, démontrer que les murs et la voûte de la chapelle sont
capables d'opposer une résistance plus considérable que celle nécessaire

pour soutenir la restauration proposée ; prouver, en outre, que ces mêmes efforts seront alors moindres qu'ils le sont actuellement, attendu que la direction du poid sera plus éloignée du sommet de la voûte.

Dès que mon travail sera fait, j'aurai l'honneur de vous le soumettre (²).

Je suis, etc.

TEULÈRE.

(¹) Teulère s'occupait alors de la construction du Magasin des vivres de Bacalan.
(²) Cette lettre est adressée au chevalier de Borda, à Paris.

PROJET de surélévation du fanal de la tour de Cordouan.

(Pièce n° 21.)

Mémoire de M. Jallier, en interprétation d'un projet pour élever de 60 pieds le fanal de la tour de Cordoüan, la rendre plus utile à la navigation et faciliter en même tems l'entrée de la rivière de Gironde.

On avoit cru, d'après l'opinion de plusieurs personnes éclairées, qu'une surélévation de 30 pieds suffisoit pour donner au fanal de la tour de Cordouan le degré d'utilité que la navigation de l'entrée de la Gironde exige, et Mr Jallier avoit fait le projet envoyé à Bordeaux d'après ces principes; mais Mr Teulère ayant démontré que cette hauteur est insuffisante et que, pour donner à ce fanal toute l'utilité dont il est susceptible, il falloit en porter l'élévation à 60 pieds, alors on s'est aussitôt occupé à trouver les moyens les plus simples et les moins dispendieux pour établir cette nouvelle construction d'une manière solide, chercher en même tems une forme et un genre de décoration qui ne formât pas une disparate trop frappante avec l'ancien édifice et pût même paroître avoir été élevée en même tems et conçue pour ainsi dire du même jet.

Tous ces avantages se trouvent réunis dans l'idée qu'a eue Mr le chevalier de Borda, à qui la marine a déjà tant d'obligations, et le travail de Mr Jallier a consisté à la développer et à la rédiger suivant les principes de l'art.

Cette idée est d'établir sur les murs de l'attique actuel, soutenant la coupole de la chapelle, un cône tronqué de la hauteur nécessaire pour élever le fanal au point désiré.

Ce cône, percé de croisées, contiendra un escalier octogone en charpente, dont le milieu sera à jour et dont les marches seront recouvertes en dalles de pierre, pour qu'il puisse être à l'abry du feu, coûter moins cher et ne pas surcharger la voûte sur laquelle il sera établi perpendiculairement.

D'intervalles en intervalles des traverses de charpente, cellées dans les murs, serviront à entretenir son aplomb et le lier avec la maçonnerie.

Cet escalier arrivera à la chambre servant de dépôt pour les matières nécessaires à l'aliment du reverbère, et, de là, un nouvel escalier en spirale conduira dans la lanterne même du fanal.

Le sommet du cône, couronné d'un entablement à consoles, sera terminé dans son intérieur par une voûte en ogive, percée dans son milieu d'une ouverture d'environ 18 pouces de diamètre, pour laisser manœuvrer la machine qui servira à faire faire à la lanterne des révolutions circulaires.

Du reste, on établira sur son sommet la balustrade, la lanterne et la campanelle qui la termine, telles que Mr Teulère les propose.

Le diamètre de ce cône, pris à sa base, est de 5 toises 2 pieds et de 3 toises à son sommet.

Ses murs, à leur naissance, sur la plate-forme qui leur sert de base, auront 2 pieds 6 pouces d'épaisseur et 22 pouces à leur plus haute élévation, ce qui donne 26 pouces d'épaisseur moyenne, sur la hauteur de 16 toises, et produit, compris le socle, la corniche qui couronne le phare et les ornements des croisées, environ 19,000 pieds cubes, au lieu de plus de 45,000, qu'exige le projet envoyé à Bordeaux.

Alors, on n'a plus besoin de voûtes ni de doubles voûtes dans son intérieur; ce cône est creux dans toute son étendue, sa forme fait sa solidité et lui donne la force nécessaire pour se soutenir par lui-même.

Il est encore un point important dans cette entreprise : c'est le besoin d'un fanal provisionnel pendant le cours des travaux.

Mr Teulère propose, quand la nouvelle maçonnerie sera arrivée à la hauteur du fanal actuel, d'en placer un alimenté en charbon de terre sur un échaffaut de charpente, qu'on éléveroit dans l'intérieur de cette maçonnerie jusqu'au moment de placer le nouveau.

Mais, outre le danger de l'usage du charbon de terre dans un édifice en bois, c'est qu'il sera difficile, pour ne pas dire impossible, de continuer de s'en servir au moment de construire la coupole, qui couvre la tour, qu'il a imaginée, et tandis qu'on travaillera à la lanterne.

M^r le chevalier de Borda et Mr Jallier présentent un autre moyen, fort simple, et d'autant plus avantageux qu'il ne demande ni échaffaut provisionnel ni construction à part, qu'il ne gênera en rien les travaux, qu'il durera jusqu'à leur clôture et laissera tout le loisir nécessaire pour mettre la dernière main à leur perfection.

Le voicy :

La maçonnerie nouvelle, parvenue à la distance de 3 pieds de la plateforme actuelle de la lanterne du fanal, on la divisera en 12 arcades de 5 pieds de diamètre sur 18 pieds d'élévation, séparées par des piliers de 18 pouces de large et 26 pouces d'épaisseur, qui laisseront voir la lumière du fanal qui existe présentement dans tout son pourtour, et par là permettront de la laisser subsister jusqu'à ce que le nouveau soit dans toute son activité.

Des piédroits de ces arcades sortiront des harpes d'assises en assises, destinées à se liaisonner avec les matériaux dont on remplira les vides, aussitôt que l'ancien fanal sera démoly.

On prendra la précaution de lier ensemble ces piédroits par des tirans et des ancres en fer.

On a joint aux plans un dessin de cet arrangement pour le rendre plus sensible.

A l'égard de la dépense, on voit par l'exposé ci-dessus combien elle doit être diminuée par le nouveau parti pris; mais Mr Jallier n'ayant pas réussi, dans le précédent projet, à établir des devis justes, quoiqu'il les eût fait d'après les prix envoyés de Bordeaux, et craignant de n'être pas plus heureux cette fois-cy, il a préféré de s'en rapporter à Mr Teulère sur cet objet, espérant qu'il voudra bien ne regarder ce travail, dont il le prie de se charger, que comme une preuve de la certitude qu'il a que son honnêteté égale son talent.

Il est donc démontré que les deux objets que l'on se proposoit, celui d'élever le phare de 60 pieds et de ne pas interrompre les feux de son fanal pendant les travaux de la construction, se trouvent parfaitement remplis, et que ce dernier projet, dont l'architecture analogue à sa destination est en même tems d'accord avec celle de l'ancien édifice, réunit la solidité dans la bâtisse, le goût convenable dans la décoration, et enfin, par la modicité de sa dépense, se trouve conforme aux vues d'économie que commande la sagesse du ministre.

En conséquence, nous croyons qu'il est très important que l'administration s'en occupe sérieusement et que son exécution, en rendant un service essentiel aux marines royales, marchandes et étrangères, sera digne d'être comptée au nombre des bienfaits qui signaleront un ministère, déjà si recommandable par tant de services rendus à la marine, à la patrie et à l'humanité.

OBSERVATIONS présentées sur le projet de restauration de la quatrième galerie et de surélévation du fanal de la tour de Cordouan.

(Pièce n° 22, original sur fort papier.)

Observations sur le projet de restauration de la quatrième gallerie ou balustrade de la tour de Cordouan, envoyé de Bordeaux.

Ce projet consiste à entourer la petite tour qui porte le fanal d'un second mur, lié avec l'ancien par des contreforts intérieurs et décoré au dehors de seize colonnes ioniques destinées à le renforcer et à porter une balustrade en fer, que l'on substitue rait à celle n pierre, qui menace ruine.

Cette décoration, quoiqu'agréable, ne paroit cependant pas convenir au local où l'on veut l'adapter :

1° Il n'est pas usité dans l'architecture un peu sévère de placer l'ordre ionique au-dessus du corinthien ou du composite;

2° Le peu de diamètre et de hauteur de ces colonnes, qui n'ont que 15", les feroit paraître d'en bas un peu mesquines ;

3° On croit que leur suppression diminueroit de quelque chose la dépense de cette restauration; les chapiteaux, les bâzes, la taille circulaire des colonnes et leur déchet, feroient un objet d'économie, sans nuire à la décoration que le reste de ce monument paroît exiger.

On propose, en conséquence, de substituer à cette colonnade un grand piédestal en forme d'attique, percé de croisées, et terminé par un entablement à consoles; il sera lié également à l'ancien mur par des contreforts, mais seulement intérieurs. Ce genre de couronnement, dans les principes de l'architecture régulière, aura le même mérite de solidité, en y joignant en même temps ceux de l'économie et d'une décoration moins fastueuse et plus analogue au reste de l'édifice. Le dessein joint à ce mémoire montrera l'effet du changement que l'on propose.

A l'égard de la construction, dans l'un et l'autre projet, il n'est aucunement à craindre que ce nouveau poids, en surchargeant la voûte, ne nuise à sa durée; au contraire, il est démontré que, plus on charge une voûte au droit de la clef, plus on en resserre toutes les parties et plus on en augmente la solidité.

Voilà les réflexions que nous nous sommes permises sur le projet envoyé de Bordeaux, en rendant la justice qui nous paroit dûe aux talents de celuy qui l'a conçu.

Projet pour rendre le phare de la tour de Cordouan plus utile à la navigation.

Le besoin de restaurer la quatrième gallerie de la tour de Cordouan et l'obligation d'entretenir ce phare, sont prouvés d'une manière invincible; mais une opération bien autrement importante aux marines royales, marchandes et étrangères, seroit d'augmenter l'utilité de cet édifice, en élevant de beaucoup le fanal auquel il sert de baze; des rochers et des brisans placés à une distance d'où sa lumière ne peut être apperçue et cachés par une brume épaisse qui couvre l'entrée de la rivière, menaçant continuellement les navigateurs, et l'on·a calculé qu'une élévation de *trente pieds* suffiroit pour faire appercevoir ses feux bienfaisans à la distance nécessaire pour avertir du danger les bâtiments qui naviguent dans ces mers.

C'est d'après ces idées communiquées par monsieur le chevalier de Borda, et appuyées du témoignage de tous ceux qui connoissent ces côtes, que Mr Jallier s'est occupé et propose le moyen d'élever ce phare de trente pieds, sur le bâtiment actuel, en supprimant en même tems l'escalier extérieur, placé dans une tourelle isolée, attachée au corps de l'édifice par des cercles et tirans de fer, dont la construction est inquiétante et la chute à redouter.

Voici la manière dont il a conçu son projet, et que les desseins qui accompagnent ce mémoire rendent plus sensible :

Au-dessus de la corniche, de l'ordre composite, qui est chargée d'une balustrade en pierre, s'élève actuellement la voûte de la chapelle, coupée par huit croisées, décorées de pilastres et de frontons; il joint ces croisées par un massif de maçonnerie, dont il forme un attique, qui couronne ce grand ordre; sur ce massif, il appuie huit grands arcs en ogive, liés dans leur milieu par autant d'arcades et formant un dôme d'une forme elliptique très allongée, afin d'en rendre la poussée presque nulle; le dôme arrive à la quatrième gallerie ou balustrade actuelle de la tour, pour en supporter une, qui n'est alors que la troisième, et sur la couronne formant la clef, qui réunit tous ces arcs, il établit une nouvelle tour, du diamètre de l'ancienne, sur laquelle elle est assise, en même tems qu'elle est contrebuttée par les huit arcs en ogive qui lui servent d'arcs-boutants.

Cette tour, dont l'intérieur est formé par quatre arcs pour en élégir la maçonnerie, est couronnée par une calotte, aussi en ellipse, qui porte le fanal et la gallerie ou balustrade qui l'entoure, tel qu'il est construit actuellement.

Alors, Mr Jallier supprime totalement l'escalier extérieur et sa tourelle, et faisant ramper quelques marches sur le dos de l'ancienne coupole, on trouve sur son sommet un escalier intérieur à jour, tournant en spirale, et conduisant jusques à la gallerie du fanal.

Tout cet édifice seroit consolidé et lié, comme c'est l'usage, par des tirans et des ancres en fer verny.

L'échaffaudage nécessaire pour cette bâtisse n'en sera pas la partie la moins dispendieuse, ny la plus aisée; d'autant que Mr Jallier, regardant comme un outrage à l'humanité que de faire païer de leur fortune et de leur vie, aux malheureux forcés de naviguer pendant le tems de sa construction le salut qu'il procurera dorénavant, désire que cet échaffaudage porte en même tems un fanal provisoire, qui supplée à celuy que l'on démolira.

Du reste, nulle prétention à aucune espèce d'ornements ou de décoration. Mr Jallier espère même que les personnes éclayrées lui pardonneront la forme allongée de son dôme et la hauteur de la tour et de la lanterne qui le couronnent, en considérant les difficultés qu'il a dû avoir à se raccorder à un ancien édifice, les données dont il n'a pu s'écarter, et l'utilité de son projet, dont l'exécution sauvera les bâtiments de Sa Majesté, les fortunes et surtout la vie des citoyens, avantage que la décoration la plus élégante et les productions les plus recherchées des Beaux-Arts ne pourront jamais balancer.

Depuis que ces observations ont été faites, Mr Teulère a envoié de Bordeaux un savant mémoire accompagné de desseins bien faits, contenant des calculs et des développements, qui tendent à démontrer la possibilité d'exécuter son projet et à prouver que la tour actuelle est en état de supporter un poids bien plus considérable que celui qu'il propose. Le travail qu'il a fait pour donner les preuves que ses projets sont conformes aux principes de la solidité, sont également de démonstration pour celuy de Mr Jallier, puisque la lanterne de son dessein pourroit même s'exécuter sans l'appuyer sur la voûte actuelle, et être totalement soutenue par les grands arcs du dôme.

Il y a une remarque à faire sur ces grands arcs et sur leur position : c'est que si les croisées actuelles de l'attique couronnées d'un fronton sont en bon état et les claveaux bien sains et entiers, peut-être seroit-il plus sûr de les faire servir de baze aux piédroits de ces arcs, plutôt que de les asseoir sur les nouvelles assises, qui seront ajoutées à la partie inférieure du dôme existant, leurs liaisons ne pouvant être aussi parfaites que si elles eussent été placées dans le tems de la construction primitive de tout l'édifice. C'est aux constructeurs qui sont sur les lieux à en juger, et les lumières de Mr Teulère le mettent en état d'en décider avec justesse. Les arrangements ne changeront rien d'essentiel au projet. Les lucarnes et œils-de-bœuf, qui éclayrent l'intérieur du dôme, peuvent être placés indifféremment au-dessus des pleins ou des vuides, et l'escalier restant aussi à la même place.

Il n'y a rien de plus à dire sur le projet de Mr Teulère, sinon que si celuy de Mr Jallier n'est point admis, comme la certitude du succès du

4

sien paroît démontrée, on croit que le Gouvernement peut le laisser exécuter avec confiance.

DEVIS dressé par l'ingénieur Teulère des travaux nécessaires à l'établissement de balises à la Pointe de Graves et à la Pointe de la Bonnance.

(Pièce n° 6, minute originale sur papier.)

Monsieur,

J'ay l'honneur de vous adresser l'état des réparations de cette année à Cordouan et aux établissements en dépendant, montant à la somme de. . . . . 7,139 l. 3 s. 1 d.
et l'état des balises à établir à la pointe de Graves, à la pointe de la Coubre, et la peinture de la tour de Terre-Nègre, montant à la somme de. . . . . 2,148 livres.

Nous avons deux assises d'établies au-dessus de la voûte de la chapelle, et les quatre premières marches de l'escalier de l'exhaussement sont en place.

L'arrangement que j'avais prescrit par le devis a été suivi et remplit très bien son objet, de sorte qu'il seroit possible de détruire la voûte de la chapelle et le mur de l'escalier actuel qui pénètre dans la chapelle, sans craindre d'altérer la solidité de celui que je fais construire, comme je l'avais prévu par ma lettre particulière que j'eus l'honneur de vous écrire à Paris. Si vous me faites l'honneur de venir visiter les travaux, comme vous me l'avez fait espérer, j'ay tout lieu de croire que vous serez content du travail et de son arrangement.

A Cordouan, du 10 juillet 1788.

BALISES DE LA CÔTE

Devis (¹) et détail estimatif des ouvrages à faire pour établir deux balises, dont une sur la pointe de Graves (Médoc), et l'autre sur le troisième terrier de la Bonnance, près la pointe de la Coubre, conformément au procès-verbal, qui en constate la nécessité, dressé à Royan le 3 juin 1788.

Article 1er. — Il sera fait sur la dune indiquée par le procès-verbal susdit deux fouilles en croix ayant six pieds de profondeur sur quarante-

quatre pieds de largeur ensemble et trois pieds de largeur réduite, estimée
la somme de. . . . . 10 livres.

Dans cette fouille, il sera établi deux pièces en bois de chêne, posées
en croix, ayant chacune 20 pieds de longueur sur un pied en quarré;
une de ces pièces sera percée au centre par une mortoise pour recevoir
le mât, qui aura un pied de diamètre sur 46 pieds de hauteur.

A chaque extrémité des pièces du fond sera établie une jambe de force
assemblée à tenon et mortoise, la solle a un collier en bois de chêne fixé
au mât à 12 pieds de hauteur; chacune des jambes de force aura 17 pieds
de longueur sur dix pouces en quarré.

A 12 pieds au-dessus du sol sera entaillée et fixée horizontalement une
planche en bois de chêne de 11 pieds de longueur sur dix pieds de largeur
et deux pouces d'épaisseur; aux deux extrémités de cette planche, il en
sera fixé une autre ayant chacune dix pieds de longueur sur la même
largeur et épaisseur que la précédente, formant ensemble un triangle
équilatéral; et pour soutenir ce triangle, il sera fixé deux autres planches
partant des extrémités de ce triangle et allant se joindre au mât à six
pieds au-dessous; chacune de ces dernières planches aura 7 pieds 6 pouces
de longueur sur 10 pouces de largeur et 2 pouces d'épaisseur. Tous ces
bois seront peints en noir et par trois couches.

Cette balise, ainsi construite, coûtera. . . . . 966 l. 19 s. 3 d.

BALISE DE LA POINTE DU TERRIER DE LA BONNANCE

La balise à établir sur le troisième terrier de la Bonnance sera entièrement semblable à celle de la pointe de Graves, excepté que le mât aura
dix pieds de plus et que le couronnement sera différent, étant composé de
deux traverses, dont une établie à 48 pieds de hauteur et l'autre à 52 pieds
6 pouces, entaillées dans le bois, et ayant de longueur ensemble 20 pieds;
deux autres planches, passant à l'extrémité des traverses et ayant de
longueur ensemble 30 pieds, les unes et les autres auront 10 pouces de
largeur sur 2 pouces d'épaisseur.

Le tout peint en noir.

Cette balise, ainsi construite, coûtera, suivant détail de celle de la
pointe de Graves, en ajoutant la plus-value des transports qui sont dans

le sable et la plus-value de la pièce du mât qu'il faut prendre à Bordeaux. . . . . 1,090 l. 14 s. 3 d.

TOUR EN PIERRE DE LA POINTE DE LA COUBRE (¹).

La tour en pierre de la pointe de la Coubre étant de la couleur du sable, se confond avec lui, vue du large; il est nécessaire de la peindre en noir dans toutes les parties qui regardent la mer, et dans les deux tiers de sa hauteur seulement.

Cette tour a quatorze pieds de diamètre sur 80 pieds de hauteur; son entablement a 17 pieds de diamètre sur 5 pieds de hauteur. Les parties à peindre, comptées aux deux tiers, produiront une superficie, y compris la plus-value de la corniche et consoles, de 50 toises.

Pour faire cette peinture, il faudra percer avec une tarière l'entablement au-dessous du quart de rond, entre les corniches, et y faire passer une corde, qui soutiendra deux consoles en planches armées d'une traverse pour faire asseoir l'ouvrier, avoir une corde nouée et des genouillières de couvreur pour le monter, et une petite corde avec sa poulie arrêtée au moyen de la rampe en fer pour monter le peintre.

Cette tour, ainsi peinte, coûtera. . . . . 360 l. 7 s. 2 d.

(¹) Ce devis est en entier de la main de l'ingénieur Teulère. Il est adressé au chevalier de Borda.

LETTRE de M. Prévost de La Croix, commissaire général de la marine à Bordeaux, à M. Teulère, ingénieur de la marine, à Cordouan.

(Pièce n° 7, original sur papier.)

Bordeaux, 2 avril 1789.

J'ai reçu, Monsieur, vos lettres des 28, 29 et 30 du mois dernier; j'ai vu avec plaisir, par la première, que quoique la nouvelle maçonnerie de la tour de Cordouan ait éprouvé, dans les coups de vent qui ont régné cet hiver, de très fortes secousses, vous ne pensés pas qu'il y ait le moindre mal et que la solidité ait été altérée. Je fais passer au ministre le compte que vous m'avés rendu à ce sujet et j'insiste pour qu'il permette la démolition de la lanterne et de l'ancienne tour, qui facilitera la nouvelle construction sans nuire à sa solidité. Je lui adresse également vos observations relativement à la perfection de l'horloge, afin qu'il en fasse tel usage qu'il croira convenable.

Je suis impatient de recevoir vos plans et devis pour le projet d'une jettée à Royan, quoique dans ce moment il soit bien difficile d'obtenir des fonds pour aucun ouvrage extraordinaire.

Je reçois dans l'instant, Monsieur, une dépêche du ministre, dont je m'empresse de vous adresser copie. Vous verrés qu'il approuve les plans, profils et observations que vous avés fait pour la nouvelle lanterne et qu'il vous autorise à la faire exécuter suivant ces plans, en prenant, ainsi que je vous l'ai recommandé, la précaution de constater le point où en seront les ouvrages du serrurier, et constatant par un procès-verbal l'augmenta-tion de dépense, dont on devra tenir compte à l'entrepreneur.

Le ministre approuve également la démolition de la lanterne, que le feu soit suppléé par un feu de charbon sur le mur d'enceinte; j'écris en conséquence à Mr Gibouin, afin qu'il fasse passer sur-le-champ à la tour le peu de charbon de terre qui existe à Royan, et me marque exactement la quantité ainsi que ce qu'il pourra s'y procurer, afin que je vous fasse passer le reste de ce port; au moyen des ordres cy-dessus. Je compte que rien ne pourra plus retarder vos opérations, et qu'aussitôt que le temps le permettra, les ouvriers se rendront à Cordouan.

J'ai l'honneur d'être très parfaitement, Monsieur, votre très humble et très obéissant serviteur.

PRÉVOST DE LA CROIX.

COPIE de la lettre du Ministre de la marine à M. Prévost de La Croix, relative aux travaux faits à la tour de Cordouan.

(Pièce n° 8.)

De Versailles, le 30 may 1789.

J'ai reçu, Monsieur, votre lettre du 19 de ce mois, par laquelle vous me transmettés les comptes qui vous ont été rendus, soit par le sr Teu-lère, soit par le commissaire des classes de Royan, sur les difficultés actuelles que présentent les passes et l'abord de la tour de Cordouan.

Comme il est très important d'assurer le transport des matériaux nécessaires aux travaux qui s'y exécutent et de prévenir les accidents, ainsi que les retards que ces mêmes difficultés pourroient y apporter, si elles subsistoient, je désire que vous me fassiés connoître s'il existe quelque moyen de rétablir les passes dont il s'agit, et, dans ce cas, vous m'indiquerés par apperçu la dépense qui pourroit en résulter.

Je suis, etc.

LA LUZERNE.

COPIE de la lettre écrite par le Ministre de la marine à M. Prévost de La Croix, au sujet des travaux de Cordouan.

(Pièce nº 9.)

Versailles, le 30 may 1789.

J'ai reçu, Monsieur, votre lettre du 23 de ce mois, par laquelle vous m'informés que tous les ouvriers se trouvant maintenant rendus à la tour de Cordouan, les travaux vont être suivis avec beaucoup d'activité.

Mr Lemoyne, sur l'invitation que vous lui en avés faite, a recueilli des renseignements qu'il m'a adressés et qui font connoître le prix des verres nécessaires pour la lanterne, ainsi que l'augmentation de dépense qui en résulteroit, si on substituoit des glaces à ces mêmes verres.

Il paroît, d'après les détails dans lesquels il est entré à cet égard, que la garniture en verres, frais de caisse et emballage compris, peut former un objet de 3,963 livres, et que celle en glaces épaisses et belles, quoiqu'avec de légers défauts, telles que petites bulles, filz ou rayures, coûtera, même frais compris, une somme de 5,990 livres, et qu'ainsi la différence que présente l'emploi du verre ou de la glace est de 2,000 liv. environ.

Comme le dernier parti m'a paru préférable sous le rapport de la solidité et que, d'ailleurs, il ne seroit possible de se procurer les verres des dimensions prescrites que dans trois mois, à compter du jour où les ordres seroient reçus pour cette fourniture, j'autorise Mr Lemoyne à faire à la manufacture des glaces la demande des 60 pièces qui doivent composer la garniture de cette lanterne et je le charge de la prévenir que l'envoi en devra être fait en juillet prochain, à Dieppe, afin de pouvoir les embarquer avec la machine sur le bâtiment qui, ainsi que vous le désirés, appareillera dans les premiers jours d'aoust pour la rivière de Bordeaux.

Je suis, etc.   LA LUZERNE.

P.-S. — Je mande, au surplus, à Mr Lemoyne qu'il me paroît suffisant de prendre des glaces de rebut, qui rempliront également l'objet et coûteront moins cher.

LETTRE de M. Prévost de La Croix, commissaire général de la marine à Bordeaux, à M. Teulère, ingénieur de la marine, à Cordouan.

(Pièce n° 8, original sur papier.)

A Bordeaux, le 5 juin 1789.

J'ai reçu, Monsieur, la lettre que vous m'avés fait l'honneur de m'écrire le 3 de ce mois en m'adressant l'état de situation des travaux et approvisionnements faits pour l'exhaussement de la tour de Cordouan jusqu'au premier de ce mois, duquel il résulte qu'il est dû aux entrepreneurs une somme de 33,271 l. 18 s. 3 d.

J'ai vu par votre lettre qu'il y a près de trois semaines qu'aucune gabarre n'a pu parvenir à la tour; je crains bien que la maline prochaine ne soit pas plus favorable, les vents étant constant à O.-S.-O.; j'ai recommandé à Larcheveau de tenir toujours à Royan deux ou trois gabarres, pour profiter des premiers tems propices pour le transport des matériaux.

Ayant fait part, Monsieur, au Ministre des difficultés que présentent les passes de l'abord de Cordouan, vous verrés par la lettre cy-jointe qu'il désire que je luy fasse connoître s'il existe quelques moyens de rétablir ces passes, et de lui en indiquer par apperçu la dépense; je lui ai répondu provisoirement que je ne croys pas qu'il y en ait aucun; mais que, pour faciliter le débarquement et le transport des matériaux, il seroit peut-être possible de prolonger les côtés de la chaussée qui forme une patte d'oye; que, par ce prolongement, on éviteroit pour les gabarres quelques risques, puisqu'elles pourroient commencer et faire en partie eur déchargement avant d'échouer entièrement; que je vous chargerois d'examiner ce projet et, après l'avoir examiné sur les lieux, de m'indiquer les moyens que vous croirés les plus propres, en m'en faisant passer les plans et devis.

Vous verrés également par la copie cy-jointe de la dépêche du Ministre en datte du 30 mai, qu'il a adopté le parti de vitrer la lanterne en glaces au lieu de verres et qu'il a autorisé Mr Lemoyne à les demander à la manufacture de glaces, en la prévenant que l'envoi devra en être fait en juillet prochain, à Dieppe, pour être embarquées avec la machine sur le bâtiment qui fera voile de ce port dans les premiers jours d'aoust pour la rivière de Bordeaux.

La Chambre de Commerce, à qui j'ai communiqué votre plan et projet pour la jettée à faire à l'entrée de la conche de Royan, a fort applaudi ce plan et en a bien senti la nécessité, mais n'a pas voulu souscrire au moyen que je proposois pour l'exécution; je vais en indiquer et proposer un autre au ministre.

J'ai l'honneur d'être très parfaitement, Monsieur, votre très humble et très obéissant serviteur.

PRÉVOST DE LA CROIX.

COPIE d'une lettre du Ministre de la marine à M. Prévost de La Croix.

(Pièce n° 10.)

Versailles, 11 juillet 1789.

Je joins ici, Monsieur, la facture des glaces destinées à garnir la lanterne du phare de la tour de Cordouan, qui ont été expédiées le 27 du mois dernier à l'adresse de Mr Lemoyne, à Dieppe, pour être embarquées sur le bâtiment qui doit transporter la machine à la tour de Cordouan.

Je suis, etc.

LA LUZERNE.

**DÉLIBÉRATION du Directoire du département autorisant l'ingénieur Teulère
à se procurer les verres nécessaires au phare de Cordouan.**

(Pièce nº 11, original sur papier.)

---

*Extrait des registres des délibérations du Directoire du département de la Gironde,
du 20 février 1793, l'an II de la République française.*

Vu la lettre du citoyen Teulère, directeur des travaux des tours et
balises de la rivière de Gironde, en datte du 20 de ce mois, par laquelle
il fait connoître à l'administration le besoin pressant de se procurer dans
les verreries du département les tubes de verre pour l'usage des lampes
du phare de Cordouan, à défaut de ceux que l'on faisoit venir de Dieppe
précédemment.

Le Directoire du département de la Gironde, ouï le procureur général
syndic, arrête que le citoyen Teulère demeure autorisé à faire faire à la
verrerie établie dans les landes de Bordeaux les tubes de verre nécessaires
pour les lampes du phare de Cordouan, et d'y envoyer à cet effet un
ouvrier entendu à ces sortes d'ouvrages.

Fait à Bordeaux, en Directoire du département, le vingt février mil
sept cent quatre-vingt-treize, l'an II de la République française.

DE BOIS-MARTIN, *vice-président;* FRINGUES, *secrétaire général.*

**COPIE d'une lettre du Ministre de la marine à l'Ordonnateur de la marine
à Bordeaux. — Surveillance et entretien de la tour de Cordouan.**

(Pièce nº 12.)

Paris, le 28 mars 1793, l'an 2ᵐᵉ de la République.

J'ai lu, citoyen, avec beaucoup d'attention la lettre que vous m'avez
écrite le 13 de ce mois au sujet de l'entretien et surveillance de la tour
de Cordouan, et je me suis fait représenter celle que vous m'aviés
adressée pour le même objet le 26 janvier dernier. Je sens, comme vous,
de quelle utilité il seroit de continuer de confier la surveillance d'un

établissement aussi important au citoyen Teulère, qui a toutes les connaissances nécessaires à cet égard. Vous pouvés en faire la proposition aux
administrateurs du département de la Gironde, et j'apprendrai avec plaisir
qu'ils l'ayent agréé.

Quant à la nécessité de laisser un fonds aux municipalités chargées de
l'entretien journalier et pressant des balises, elle me paroît indispensable ;
mais c'est aux corps administratifs à correspondre, d'après l'hiérarchie
établie entr'eux avec le Ministre de l'intérieur, qui doit ordonner ces
sortes de dépenses, et comme effectivement il y a telle réparation qui
exige un homme qui ait quelque connoissance, il paroît naturel d'appeller
aux opérations de ce genre l'ingénieur des districts.

Tous les navigateurs se plaignent que les lampes de ce phare n'éclairent
pas aussi bien que l'ancien feu en charbon de terre ; chargés, je vous prie,
le citoyen Teulère d'examiner à quoi tient cet effet, qui ne devroit pas
avoir lieu, et de m'en rendre un compte prompt.

MONGE.

**COPIE d'une lettre du Ministre de la marine aux Administrateurs du dépar-
tement de la Gironde. — Éclairage de la tour de Cordouan.**

[Pièce nº 13.]

Paris, le 20 may 1793, l'an second de la République.

J'ai examiné, citoyen, avec la plus scrupuleuse attention les motifs
présentés à mes prédécesseurs pour le changement du reverbère de la
tour de Cordouan en un feu de charbon ; j'ai de même pesé ceux qui ont
été donnés pour la préférence à accorder aux reverbères. Je dois vous
observer que je ne vois contre ces derniers qu'une prévention sans fondement qui ne sauroit détruire, balancer même, l'avantage qu'on leur
attribue. Vous avés eu connoissance dans le tems des différentes expériences qui ont été faites et de l'avis des citoyens Borda et Teulère. Vous
êtes convenu dans votre dépêche du 13 avril dernier de l'économie de la
dépense à faire si on se décidoit pour le charbon et des difficultés qu'on
éprouveroit pour le transport. Vous proposés, d'après cela, de continuer

le reverbère en donnant aux mèches 30 lignes de diamètre au lieu de
24 lignes; c'est donc à ce moyen que je m'arrête. Je sens cependant qu'il
seroit nécessaire d'en prévenir les marins et le commerce en leur faisant
connoître leurs vrais intérêts. Personne n'est plus que vous à portée de le
faire avec succès, votre patriotisme et l'amour du bien public vous ayant
mérité toute confiance de leur part. Je vous prie, citoyens, de vous en
charger; de mon côté, je vais donner ordre au citoyen Lemoyne de se
concerter avec l'ingénieur Teulère pour la fabrication des nouvelles
mèches de trente lignes de diamètre et pour que ce changement, se faisant
avec toute l'économie possible, ne porte aucune interruption au service du
phare.

J'ai reçu, citoyens, votre lettre du huit de ce mois; je sens qu'il est
juste d'indemniser le citoyen Teulère des soins et des dépenses que lui
occasionne la direction des travaux en cette partie; je propose au
ministre de l'intérieur de l'employer provisoirement dans les états de
cette année pour deux mille livres, sauf à déterminer, de concert avec
vous, le traitement qui sera attaché à cette place, lors du travail définitif
sur les phares.

Signé : DALBARADE.

Pour copie : DE BOIS-MARTIN, *vice-président.*

**COPIE de la lettre du Ministre de la marine à l'Ordonnateur de la marine
à Bordeaux. — Augmentation de diamètre des mèches des lampes du
phare de Cordouan.** *[Pièce nº 14.]*

Paris, le 20 may 1793, l'an 2me de la République.

Je ne saurois, citoyen, me rendre au désir des marins de Bordeaux
pour le changement du reverbère de la tour de Cordouan en un feu de
charbon; plus j'ai réfléchi sur leur réclamation, plus j'y vois une prévention sans fondement. Les raisons données, au contraire, par les citoyens
Borda et Teulère pour la préférence à accorder aux reverbères me
paraissent sans réplique; c'est donc en leur faveur que je me suis décidé,

mais en adoptant l'avis du citoyen Teulère, qui est d'augmenter le diamètre des mèches de 6 lignes, ce qui les portera à 30. Si ce dernier moyen ne réussit pas, si l'expérience démontre évidemment qu'il est insuffisant et que le feu de charbon doit être préféré, alors je m'y déterminerai d'autant plus volontiers que je n'aurai point à me reprocher d'avoir négligé les moyens proposés pour porter à sa perfection un établissement dont les premiers frais ont été si considérables, qui d'ailleurs a été adopté à notre exemple en Espagne et en Angleterre. J'écris par ce même ordinaire aux administrateurs du département de la Gironde pour les prévenir des ordres que je donne aux citoyens Teulère et Lemoyne; je vous prie de donner, de votre côté, tous vos soins à ce que le changement des mèches se fasse avec le plus d'économie possible et n'apporte aucune interruption au service du phare.

DALBARADE.

Pour copie : LAVAU-GAYON.

LETTRE du Ministre de la marine à l'ingénieur Teulère.

(Pièce n° 15, original sur papier.)

Paris, le 20 may 1793, l'an 2ᵐᵉ de la République.

Le Ministre de la marine au citoyen Teulère.

J'écris par ce courrier, citoyen, aux administrateurs du département de la Gironde, au chef de la marine faisant fonctions d'ordonnateur et au citoyen Le Moyne, ci-devant agent général des pêches, pour les prévenir que les difficultés sans nombre qu'entraîneroit l'établissement d'un feu à charbon sur la tour de Cordouan m'ont déterminé à maintenir, au moins quant à présent, celui qui existe aujourd'hui; c'est à vous, citoyen, à le porter à un tel degré de perfection qu'il fasse cesser des réclamations qui, quoiqu'unanimes de la part des marins et du commerce de Bordeaux, me paroissent sans fondement, mais que l'expérience pourroit justifier, si ce feu restoit dans son état actuel. J'adopte donc votre projet de porter le diamètre des mèches à trente lignes; faites-y, je vous prie, travailler le plus tôt possible. Il est inutile de vous recommander d'y porter de 'économie et de faire opérer de manière à ce que le service du phare ne soit point interrompu; votre zèle, votre expérience et votre civisme vous fourniront tout ce qui est nécessaire pour remplir ce double but; au surplus, le citoyen Le Moyne, dont vous connoissez les lumières, se fera un plaisir de correspondre avec vous sur tout ce qui sera relatif à cet objet important.

DALBARADE.

COPIE d'une lettre du Ministre de l'intérieur aux Administrateurs du département de la Gironde. — Paiement des travaux faits aux balises des côtes de la Saintonge et du Médoc.

(Pièce n° 16.)

Paris, le 26 may 1793, l'an second de la République.

Le ministre de la marine vient de me faire passer un extrait de la lettre que vous lui avés écrite le 13 avril dernier, avec l'état de ce qui reste dû pour l'arriéré aux entrepreneurs des travaux de la tour de Cordouan et balizes des côtes du Médoc et de Saintonge; il joint en même tems de sa lettre un état des travaux et réparations d'entretien à faire aux balizes et tours de l'entrée de la rivière de Gironde pendant le courant de cette année.

Il résulte des renseignements que j'ai pris au sujet que ces états sont très en règle, ayant été préalablement vérifiés dans tous les détails des dépenses faites et signées des citoyens ingénieurs des ports, du chef d'administration commissaire ordonnateur de la marine et des administrateurs de votre département.

Je reconnois comme vous l'importance, vu les circonstances présentes, de ne rien négliger pour l'entretien des feux de la tour de Cordouan, des balizes et bouées qui sont à la mer.

Lorsque le ministre de la marine m'aura, conformément à l'article 3 de la loi du 15 septembre 1792, prévenu des faits nécessaires pour l'étendue de la dépense de ces objets, je présenterai à l'assemblée nationale un état des sommes qu'il conviendra de mettre à ma disposition pour acquitter les dépenses faites et subvenir à celles qu'il est indispensable de faire pour les phares de la République.

Les dépenses à faire cette année sont tellement urgentes, que vous avez été obligés de pourvoir à la consommation des premiers six mois de cette année pour une somme de 6,218 l. 14 s., dont vous réclamés le remboursement.

Vous demandés, afin de compléter la consommation des six derniers mois et pour les vivres des gardiens et fournitures, une autre somme de 6,632 l. 8 s. 3 d.

Je vous préviens que je viens, en conséquence, de vous comprendre dans l'état de distribution de ce mois pour une somme de 12,851 l. 2 s. 3 d., spécialement destinée, savoir :

Pour rembourser des avances que vous avez faites pour la consommation du phare de Cordouan pendant les six premiers mois de cette année..................	6,218 l.	14 s.	» d.
Pour achat pour la consommation de l'année, 1,610 l. 3/4 d'huile d'olive et 2,255 l. de baleine..	4,187	18	3
Pour les vivres des gardiens............	752	10	»
Les chiffons, bougies et balais..........	332	»	»
Et pour les salaires des gardiens pendant cette année.........................	1,360	»	»
	12,851 l.	2 s.	3 d.

Cette somme de 12,851 l. 2 s. 3 d., imputée sur les fonds de 1792, ne tardera pas à être mise à votre disposition par le commissaire de la trésorerie nationale.

Quant aux autres sommes dues sur l'arriéré depuis 1788 jusqu'à 1792, il convient d'attendre les fonds que la Convention nationale croira devoir accorder pour ces dépenses, d'après la demande que je lui en formerai sur l'état que m'aura fourni le ministre de la marine.

Vous voudrés bien recommander aux ingénieurs de votre département de surveiller, de concert avec les pilotes lamaneurs, les officiers de marine et les corps administratifs, l'entretien des phares et de tous ces objets si importants pour le commerce maritime et les armées navales de la République.

Je vous prie, conformément à l'article 8 de cette loi du 15 septembre 1792, de veiller à ce que les trésoriers des districts versent tous les trois mois dans la caisse de la Trésorerie nationale les fonds provenants des droits de navigation, d'indemnité, des feux, etc., etc.

Vous voudrés bien, en exécution de l'article subséquent, constater ce qui peut rester dû sur les travaux de construction ou entretien des phares, ancres, tonnes et balises; en distinguant l'état de ces dépenses par exercice, il conviendra que vous m'en fassiez l'envoi, afin que j'en rende compte à l'assemblée nationale.

Signé : GARAT.

Pour copie : DE BOIS-MARTIN, *vice-président.*

LETTRE du Ministre de la marine à l'ingénieur Teulère, au sujet de travaux à faire à la tour de Cordouan.

[Pièce n° 17, original sur fort papier.]

Paris, le 9 juin 1793, l'an 2ᵐᵉ de la République.

Lettre du Ministre de la marine au citoïen Teulère, ingénieur, à Bordeaux.

J'ai reçu, citoyen, votre lettre du 30 mai dernier; j'en ai envoyé copie au Ministre de l'intérieur, aussi persuadé que vous de la nécessité de commencer le plus tôt possible les réparations urgentes de la tour de Cordouan; je presse mon collègue de faire les fonds pour cet objet, afin de profiter de la belle saison; je ne doute pas que, d'après mon invitation, il ne donne ses ordres en conséquence.

Je ne saurais trop vous recommander, citoyen, de mettre tous vos soins à donner aux nouvelles lampes le degré de perfection qui doit mettre fin aux réclamations des marins et je vous prie de ne pas oublier qu'il est essentiel que le service du phare ne soit pas interrompu pendant le changement des lampes; votre présence à la tour pendant cet ouvrage le rendra, sans doute, plus prompt, mieux établi, et ne me laissera aucune inquiétude.

DALBARADE.

ALLOCATION par le Ministre de l'intérieur de la somme de 24,000 livres pour la réparation de la tour de Cordouan.

(Pièce n° 18, original sur fort papier.)

Paris, ce 2 juillet 1793, l'an 2ᵐᵉ de la République.

L'adjoint de la 3ᵉ Division au citoyen Teulère, à Bordeaux.

Je m'empresse de vous annoncer, citoyen, que le Ministre de l'intérieur marque à celui de la marine qu'il vient de faire mettre à la disposition du département de la Gironde une somme de vingt-quatre mille livres, pour subvenir à la réparation de la tour de Cordoüan; la demande de ce département lui a paru si pressante qu'il la soumet au Comité des Ponts et Chaussées de la Convention en l'invitant de faire décréter une somme proportionnée à ses besoins. Ce ministre annonce aussi que lorsqu'il aura reçu l'état des fonds qu'il convient d'accorder aux départemens maritimes pour subvenir à la réparation et à l'entretien de leurs phares, il proposera à la Convention nationale de faire mettre ces fonds à sa disposition.

J. DUPERRAU.

En marge, de la main du signataire:

Fait part des dispositions du Ministre de l'intérieur au sujet de la tour de Cordouan.

———————

LETTRE du Ministre de la marine à l'ingénieur Teulère. — Établissement de nouvelles lampes à la tour de Cordouan.

(Pièce n° 19, original sur fort papier.)

Paris, 26 juillet 1793, l'an 2ᵐᵉ de la République.

Le Ministre de la marine au citoyen Teulère, ingénieur à Bordeaux.

J'ai reçu, citoyen, votre lettre du 9 de ce mois; j'y ai vu avec plaisir que vous avez fait placer les nouvelles lampes à la tour de Cordouan sans interrompre le service du feu, et que, d'après l'observation que vous en avez faite avec les deux pilotes qui vous ont accompagné, on peut se promettre qu'elles rempliront nos vues.

J'écris au citoyen Lemoine pour qu'il presse l'envoi des tubes qu'il s'est chargé de faire faire ; je lui témoigne le désir que j'ai qu'ils vous soient parvenus avant l'épreuve que feront du nouveau feu les commissaires et les marins que vous avez demandés au département de la Gironde. J'espère que vous les recevrez à tems.

DALBARADE.

CRITIQUES d'un capitaine de navire sur le changement fait à la tour de Cordouan du feu à charbon en feu à réverbère.

[Pièce n° 20.]

Observations particulières du citoyen J. Tabois, capitaine de navire, sur le feu du phare de Cordoüan, à l'entrée de la Gironde, du 20 au 24 aoust 1793, l'an II de la République française.

On brulloit autrefois du charbon pour l'entretien du phâre de Cordoüan, et jamais pas un navigateur ny pillote ne c'est plaint de son effet ; jamais le commerce maritime ne c'est plaint de la rétribution qu'on exigeoit de luy pour l'entretien de ce feu. C'est donc quelques intrigants, en crédit auprès de la ci-devant cour, qui ont obtenu de substituer l'usage de l'huile ; et le ministre, sans consulter les marins ny le commerce, passa avec ces inovateurs un bail de neuf ans pour l'entretien du feu à l'huile sur tous les phâres qui bordent les côtes de la France.

Je me borne icy à parler du feu de Cordoüan, ne connoissant pas parfaitement l'effet des autres ; qu'arriva-t-il lors de l'établissement de ce nouveau feu ? qu'il occasionna beaucoup de plaintes sur son peu de lumière ; et, sur ce, le ministre ordonna au controlle de la marine de recevoir les déclarations de tous les marins arrivant en rivière, tandantes à la comparaison du nouveau feu avec l'ancien ; on reçut au controlle de la marine au moins deux milles déclarations, qui toutes ou presque touttes étoient contre le feu à l'huile.

Touttes ces déclarations furent dans le tems envoyées au Ministre ; leur effet n'a produit que la continuitté du feu à l'huile et de nouvelles plaintes à ce sujet.

6

Il y a quelques années qu'on a rebaty une partie de la tour, qu'on l'a élevée d'environ 70 pieds; on ne peut qu'aplaudir à cet ouvrage et au génie qui l'a imaginé; mais pourquoy ne pas y avoir rétably le fourneau et l'usage du charbon, d'après touttes les déclarations exigées et qui prouvoient sans nul doute qu'il valloit mieux que l'huile; mais on a oublié ou méprisé touttes ces preuves non équivoques, pour y établir un mécanisme superbe et on ne peut mieux imaginé, mais qui brulle toujours de l'huile et susceptible de milles inconvénients préjudiciables à la navigation et d'un entretien très dispendieux et que je détaille ci-après :

Inconvénians qui peuvent résulter de l'établissement actuel du feu de Cordouan.

1° Les glaces qui entourent et forment le fanal se crassissent nécessairement par deux causes, auxquelles on ne peut remédier : la première, en dedant, par la fumée et l'huile; la seconde, en dehors, par le brouillard; ce qui a existé depuis qu'on y brulle de l'huile, ce qui entraîne la nécessité des glaces. On me dira peut-être que, dans les observations que nous venons de faire, nous n'avons pas vû les vitres ternies; mais j'observerai que nous étions dans l'été et que, dans cette saison, l'air est infiniment plus raréfié et que le tems étoit beau et serin, ce qui existe rarement en hiver, saison où la vue de ce guide est beaucoup plus nécessaire par la longueur des nuits.

2° Ces glaces sont susceptibles d'être cassées, et quand même on en auroit d'autres de rechange, on ne pourroit pas les changer assés promptement, pour éviter un intervalle de lumière qui deviendroit préjudiciable aux bâtiments qui se trouveroient sur la côte en ce moment.

3° Le mécanisme qui fait rouller sur son acxce les troix colonnes de reverbère actuel est suseptible de dérangements. On me répondra qu'il y a un des gardiens, ouvrier dans ce genre, toujours prêt à y remédier dans le moment; mais je diray que, quel tallent et quelle bonne volonté qu'ait cet ouvrier, il y aura toujours un intervalle nuisible à l'effet du feu; et qu'il est des objets dans ce mécanisme qui ne sont pas à la partie de cet ouvrier, qui n'est que serrurier; et on me permettra de faire icy la comparaison de nos orloges à terre, qui ce dérangent quelquesfois pour plusieurs jours, quoiqu'on ait la facillité de ce procurer des ouvriers en tout genre pour y remédier. Que sera-ce donc à Cordoüan? On ne peut y aborder que dans l'été, et encore pas tous les jours, et où on est au moins cinq mois de l'année sans pouvoir y communiquer.

4° La chaleur des lampes fait sauter l'argenture des plaques ou reverbère; ce qui existe dans ce moment, notamment sur deux collonnes, qui éclairent infiniment moins que l'autre. On peut remédier à cet inconvénient par le moyen des tubes de verre; mais quelle consommation de tubes ne ferés-vous pas, par le cassage, qu'il sera impossible d'éviter, soit par chaleur des lampes, soit par la nécessité où sont les gardiens de les remuer souvent.

5° Les barres de fer, soit longitudinalles ou transversalles, qui forment le fanal, qu'on n'a pu éviter de mettre, absorbent nécessairement une partie de l'effet de la lumière.

6° Enfin, que toutes les expériences prouvent qu'un feu factice n'est jamais aussy brillant qu'un feu naturel.

Jamais aucuns navigateurs ne ce sont plaints du feu produit par le charbon; sous ce rapport, il est préférable, et aussy préférable parce que, par son usage, on évitte les inconvénients détaillés si-dessus et les soins qu'entraîne cette nouvelle machine, d'autant qu'il seroit inffiniment plus beau qu'autrefois, puisque l'édifice a été élevé de près de 70 pieds.

On me dira peut-être que l'usage est difficille par la difficulté du transport. Je répondray qu'autrefois la tour n'a jamais manqué d'être éclairée. Et pourquoy seroit-il plus difficile aujourd'huy qu'on a les mêmes moyens qu'autrefois et, de plus, des magasins plus multipliés dans l'enceinte de la tour, qui, par conséquent, sont susceptibles d'en contenir une plus grande provision?

On me dit que l'usage du charbon consommoit autrefois une quantité prodigieuse de sacs, particulièrement par le feu, qui les brulloit, en les vuidant dans le fourneau; que les gardiens se fatiguoient extraordinairement pour les monter sur le cou par un escalier difficille et étroit, et que, rendus au fourneau, ils couroient risques de ce bruler eux-mêmes ou d'être emportés par le vent. Mais l'édifice actuel, dont le sommet présente une surface infiniment plus grande, préserveroit de tous ces accidents, et l'escalier, superbe et facile, qui existe actuellement, éviteroit de fatiguer les gardiens, d'autant qu'il deviendroit inutille pour monter le charbon, puisqu'ils pourroient employer le même moyen qu'ils employent aujourd'huy pour monter l'huille, qui est un pallant, qui va de haut en bas par une espèce de puy pratiqué dans le milieu de la tour; on pourroit même ce passer de sacs, en ayant une ou deux bailles en cuivre à ances, qui s'attacheroient au pallant et dans lesquelles on pourroit hisser le charbon; le charbon ainsy rendû, on auroit des coupelles aussy en cuivre d'une grandeur proportionnée à la force de l'homme, avec lesquels il videroit le charbon dans le fourneau; alors vous n'auriés plus besoin de sacs que pour le transport du charbon de Royan à la tour, et encore pourroit-on s'en passer en employant des barriques.

Malgré les dépenses qu'a occasionnées le mécanisme actuel, fait au mépris des déclarations exigées des marins et l'assertion géneralle des pillotes lamaneurs, je crois qu'on doit en faire le sacrifice et établir le fourneau à l'usage du charbon.

J'observeroy cependant qu'on doit le laisser subsister tel qu'il est jusques à la paix, seul moment où on puisse ce procurer du charbon d'Angleterre, comme le plus propre à cet usage.

Ce sont les observations de votre dévoüé concitoyen.

J. TABOIS, *capitaine de navire,*
commis à cet effet par le département.

LETTRE du Ministre de l'intérieur aux Administrateurs du département de la Gironde.
(Pièce n° 23, Dossier n° 4, copie.)

29 septembre 1793, l'an 2me de la République.

J'ai examiné et fait examiner à l'assemblée des Ponts et Chaussées le devis estimatif des ouvrages à faire à la tour de Cordouan, qui présente une dépense de 64,943 l. 16 s. 10 d.

Il résulte de cet examen que les ouvrages exécutés en 1792 ne s'élevoient qu'à 29,271 l. 1 s. 1 d., et qu'il restoit encore pour 35,672 l. 15 s. 9 d. de dépenses à faire pour completter le montant de ce devis.

On a remarqué à la fin du devis une observation du citoyen Teulère, où il dit : « Si le ministre de la marine jugeoit à propos de n'ordonner » que le quart de la chaussée pour l'année 1792, alors la somme à allouer » à l'entrepreneur ne seroit que de 21,344 l. 16 s. 7 d. » Or, comme le prix total de cette chaussée est estimé dans l'article 5ᵐᵉ du devis 52,379 l. 10 s. 4 d., dont le quart seroit de 13,094 l. 17 s. 7 d., au lieu de 21,344 l. 16 s. 7 d., la suppression des ouvrages auroit été 39,285 l. » s. 3 d. Je présume qu'il y a une erreur dans cette note.

Probablement le citoyen Teulère s'est assuré en 1792 qu'il étoit possible alors de suspendre les trois quarts des travaux de cette chaussée, sans préjudice au service du phare de la tour de Cordouan; mais, depuis ce temps, les dégradations ont sûrement augmenté : il est de la plus grande importance de les prévenir pour la conservation d'un établissement aussi généralement utile. Je pense que si l'entrepreneur est suffisamment approvisionné de matériaux, s'il a à sa disposition les ouvriers nécessaires, le citoyen Teulère doit profiter de la belle saison pour completter la totalité de son devis du 17 janvier 1792, montant à 64,943 l. 16 s. 10 d., en observant de remettre tous les mois à l'ingénieur en chef, qui vous en rendra compte, un état des fonds dépensés et de ceux dont il aura besoin jusqu'à la concurrence de la somme de 40,943 l. 16 s. 10 d., qui est nécessaire pour solder cette dépense, vous ayant accordé le 27 juin dernier 24,000 livres pour cet objet.

Cette somme de 40,943 l. 16 s. 10 d. est prise sur les 78,893 l. 9 s. que la Convention nationale vous a autorisé, par son décret du 20 juillet dernier, à prélever sur les impositions à payer par votre département pour les années 1791 et 1792 pour les dépenses relatives tant à l'entretien qu'à la réparation du phare de Cordouan.

Dans le cas où vous auriés déjà consommé ces 78,893 l. 9 s., vous pourriés imputer ces 40,943 l. 16 s. 10 d. sur le produit de vos sols additionnels.

Ce devis qui accompagnoit votre lettre du 4 juillet dernier n'étant qu'une copie conforme à l'original, j'ai cru devoir le garder dans mes bureaux et me dispenser de vous le faire repasser, suivant l'usage.

Signé : PARÉ.

LETTRE du Ministre de l'intérieur aux Administrateurs du Directoire du département de la Gironde.

(Pièce n° 23.)

Du 29 septembre 1793, l'an 2ᵐᵉ de la République.

Le Ministre de la marine vient de me faire passer copie de la lettre que vous lui avés écrite à l'effet de réclamer en faveur du citoyen Teulère, ingénieur, le rappel de ses appointements du dernier quartier de 1792.

Je vous autorise, en conséquence, à faire délivrer à cet ingénieur pour solde de l'année entière de ses appointements, qui échoira au premier octobre prochain, une somme de 1,000 livres, qui fera, avec pareil fonds qui a été mis à votre disposition pour cet objet, le montant des émoluments qui lui sont attribués.

Vous voudrés bien imputer ces 1,000 livres sur les fonds que vous êtes autorisés, par le décret du 20 juillet dernier, à prélever sur vos impositions de 1791 et 1792 pour l'entretien de la tour de Cordouan.

Vous témoignés en même temps le désir de payer au citoyen Teulère, à compter du 1ᵉʳ octobre prochain, 500 livres par quartier jusqu'à l'organisation définitive des phares. Je vois d'autant moins d'inconvénient à vous satisfaire sur cette demande, qu'elle n'apporte aucun changement aux appointements de 2,000 livres dont jouit cet ingénieur.

Je donne d'autant plus aisément mon adhésion à cet arrangement, que cet ingénieur est recommandable par son zèle et ses talents, ainsi que me le confirme le Ministre de la marine.

Signé : PARÉ.

LETTRE du Ministre de la marine et des colonies à l'Agent maritime à Rochefort.

(Pièce n° 25.)

Paris, 11 frimaire, an 4ᵐᵉ.

L'ingénieur en chef Teulère vient de m'informer, citoyen, de la nécessité de travailler pendant l'hyver aux réparations de la tour de Cordouan, qui ne peuvent souffrir d'interruption sans exposer les bâtiments de la Répu-

blique aux plus grands dangers; il m'observe que l'intérêt général exige
que rien n'arrête l'exécution de cette opération et m'invite à faire remettre
à votre disposition une somme de 400,000 livres, afin de se procurer les
matériaux nécessaires. Mais comme je suis informé qu'il a été remis à
l'entrepreneur Burguet celle de 50,000 livres, à compte sur celle de
171,035 livres, précédemment versée chés le payeur à Bordeaux, en
vertu des ordres donnés par la Commission des travaux publics le 8 vendémiaire an 3ᵐᵉ, il est essentiel que je sache si l'entrepreneur Burguet a
employé la somme qui lui a été comptée, suivant l'avis qui lui a été
donné par le citoyen Déjean, ingénieur ordinaire à Bordeaux, et si les
121,035 livres restants sont disponibles et peuvent être employés aux
travaux dont il s'agit, en diminution des 400,000 livres que demande le
citoyen Teulère. Lorsque ces éclaircissements me seront parvenus, je ne
perdroi pas un instant pour vous faire connoître mes intentions sur la
somme qui pourra être appliquée aux opérations de cet ingénieur.

Signé : TRUGUET.

Pour copie : FONTAINE.

En marge :
Pour le citoyen Teulère.

**LETTRE du Ministre de la marine et des colonies à l'Agent
maritime à Bordeaux.**

(Pièce nᵒ 24.)

Paris, 11 nivôse, 4ᵐᵉ année de la République.

J'ai reçu, citoyen, avec votre lettre du 22 frimaire dernier, le mémoire
que vous a remis le citoyen Teulère, ingénieur en chef, chargé de la
direction des travaux de la tour de Cordouan, concernant la demande
qu'il a faite d'une somme de 400,000 livres, pour être destinée aux
approvisionnements en matériaux pour la campagne prochaine.

Vous m'observés que les fonds antérieurement faits et les à comptes
délivrés aux entrepreneurs se trouvent remplis et au delà par les travaux
exécutés. Il convient, avant d'ordonner les fonds que cet ingénieur en
chef demande, que je connoisse par un état détaillé les ouvrages qui

48

restent à faire à la tour de Cordouan. Je vous prie de l'engager à s'en occuper et à me le faire passer; lorsqu'il me sera parvenu, je vous instruirai des mesures qui auront été prises à cet égard.

Pour copie :

Et en marge :

Pour le citoyen Teulère.

Signé : TRUGUET.

LETTRE du Ministre de la marine et des colonies au Commissaire principal de la marine à Bordeaux.

(Pièce n° 27.)

Bureau des ports, 2ᵐᵉ section.

Paris, le 16 thermidor, an 4ᵐᵉ.

Vous m'invitez, citoyen, à faire les fonds nécessaires aux réparations de la tour de Courdouan, ainsi qu'à plusieurs autres ouvrages également important pour la sûreté du service et de la navigation. Voici les observations que j'ai à vous faire sur cet objet :

La situation actuelle des finances ne permet pas de faire des séparations distinctes de fonds pour les différentes parties du service que vous dirigez. C'est à vous à régler, d'après votre sagesse et selon les moyens qui sont à votre disposition, les dépenses que vous jugerez à être les plus nécessaires. Si la masse des fonds qui est entre vos mains ne pouvoit pas suffire aux besoins de telle ou telle partie, il conviendroit alors que vous en ficiez connoître le montant des sommes dont vous seriez à découvert, en les comprenant dans votre état de demande de fonds. Au moyen de cette mesure, il vous sera facile d'ordonner les travaux dont l'exécution est indispensable, et je pourvoirai successivement aux dépenses que leur progression pourra déterminer.

Signé : TRUGUET.

Pour copie conforme : FONTAINE.

**LETTRE du Commissaire principal de la marine à Bordeaux
à l'ingénieur Teulère.**

(Piéce n° 26, original sur fort papier.)

Bordeaux, le 21 thermidor, l'an 4ᵐᵉ de la République française,
une et indivisible.

*Lettre du Commissaire principal de la marine à Bordeaux au citoyen Teulère,
ingénieur en chef des Bâtiments civils, à Rochefort.*

Vous me marqués, citoyen, que le Ministre a ordonné la construction des travaux demandés pour Royan. J'en suis d'autant plus aise qu'elle m'a paru d'une nécessité indispensable.

Ci-jointe copie de la dépêche que je reçois, et sur les objets de laquelle je vous prie de vouloir bien me fixer.

Vous m'obligerés donc de me marquer le plus promptement possible quels sont les ouvrages les plus nécessaires et les plus urgents, tant à Cordouan qu'aux environs, pour assurer la navigation et prévenir des dégradations qu'on ne pourroit réparer qu'à très grands frais. Souvenés-vous que je n'ai pas un écu en caisse et que le citoyen Burguet m'a déclaré être hors d'état de faire la moindre avance. J'attendrai l'état précis que je vous prie de m'adresser pour répondre au Ministre, et vous pouvés compter que je ne négligerai rien de ce qui pourra procurer les fonds pour commencer des ouvrages si importants, dont l'urgence est malheureusement trop démontrée, ou au moins préparer l'approvisionnement de matériaux qu'ils exigeront.

FONTAINE.

P.-S. de la main du signataire :

Je vous remercie bien, citoyen, de ce que vous me dites des habitants de Dolus et je dois vous gronder de ne leur avoir donné que quelques moments. Vous ne me dites rien de votre aimable dame; je me vengerai en vous assurant que sa famille ici se porte bien et l'attend avec impatience.

**LETTRE des Administrateurs du département de la Gironde
à l'ingénieur Teulère.**

(Pièce n° 28, original sur fort papier.)

Département de la Gironde. — Travaux maritimes.

Bordeaux, 19 pluviôse, an 5ᵐᵉ de la République française,
une et indivisible.

*Les Administrateurs du département de la Gironde au citoyen Teulère,
ingénieur en chef du port de Rochefort.*

Citoyen,

D'après une lettre du Ministre de l'intérieur du 12 nivôse dernier, dont nous joignons ici copie, nous devons lui faire parvenir dans le plus court délai un état exact de la situation des travaux des ports maritimes de ce département à l'époque où cette partie de ses attributions a passé au Ministre de la marine.

Pour remplir ses intentions à cet égard, nous avons demandé à l'ingénieur en chef des Ponts et Chaussées et à l'ingénieur des Bâtiments civils de la marine à Bordeaux les renseignements qu'ils pouvoient nous donner relativement à ce travail; mais un objet essentiel, dont l'un et l'autre n'ont qu'une connoissance imparfaite, c'est la tour de Cordouan, dont les travaux et l'entretien annuel sont confiés à votre surveillance depuis nombre d'années. Personne ne pouvant mieux que vous, pour cette raison, nous donner, à ce sujet, les instructions qui nous sont nécessaires pour remplir avec exactitude l'objet de la demande du ministre, nous vous invitons à vouloir bien nous transmettre le travail que vous serez dans le cas de faire, conformément à sa lettre, pour que nous puissions terminer le nôtre et le lui adresser le plus tôt possible.

Salut et fraternité.

PARTARRIEU, *ad.;* DUPLANTIER, *p*ᵗ; DUPEIRE, *s. ad.*

LETTRE du Ministre de la marine et des colonies au Commissaire principal de la marine à Bordeaux.

(Pièce n° 29.)

Bureau de la navigation.

Paris, le 7 vendémiaire, l'an 6ᵐᵉ.

J'ai reçu, citoyen, avec votre lettre du 9 du mois dernier, les deux pièces qui s'y trouvaient jointes concernant le phare de Cordouan, et qui sont, l'une un procès-verbal de la visite faite à la tour et aux bâtisses qui en dépendent, et l'autre un état de la dépense et des approvisionnements à faire pour commencer les travaux au mois de germinal prochain. J'ai trouvé le procès-verbal de visite parfaitement en règle et présentant bien l'état de la situation actuelle de cette tour et des bâtisses qui en dépendent; mais l'état de la dépense, qui s'élève très haut, puisqu'elle monte à 53,027 livres, indépendamment de celle qui a déjà été faite, ne m'a pas paru aussi satisfaisant.

Il me semble, d'ailleurs, que cet état, qui indique en même tems la nature et la quantité des approvisionnements en matériaux de tout genre, doit être nécessairement appuyé du devis estimatif, que vous ne pouvez trop tôt me faire parvenir pour me mettre en état d'obtenir les fonds et de juger de l'ensemble de cette dépense, sur laquelle beaucoup d'articles me paroissent excéder les prix ordinaires; d'autres articles pourroient aussi, selon moi, se trouver susceptibles d'observations d'un autre genre, mais on n'en pourra sainement juger que par l'envoi du devis, qui ajoutera nécessairement aux 53,027 livres demandées, et qui ne peut m'être envoyé en ventôse prochain, sans courir les risques de manquer les travaux de la campagne qui doit s'ouvrir en germinal.

Engagez donc l'ingénieur à s'occuper sur-le-champ de ce travail, afin que je puisse me le faire représenter et vous faire part de mes intentions ultérieures sur la continuation et l'achèvement de ce monument.

PLÉVILLE LE PELAY.

Pour copie : BERTIN.

Et en marge :

Pour le citoyen Teulère, ingénieur des bâtiments civils, à Rochefort.

**LETTRE du Commissaire principal de la marine à Bordeaux
à l'ingénieur Teulère.**

(Pièce n° 30, original sur fort papier.)

Bordeaux, 14 vendémiaire, an 6ᵐᵉ de la République française,
une et indivisible.

*Le Commissaire principal de la marine à Bordeaux au citoyen Teulère,
ingénieur des bâtiments civils, à Rochefort.*

Vous verrés, citoyen, par la copie que je vous envoie, de la dépêche
que m'a adressée le ministre de la marine le 7 du courant, qu'il est
instant que vous vouliés bien vous occuper du devis estimatif des matériaux et ouvrages mentionnés en l'état de dépense relatif à la confection
de la tour et des balises de Cordouan. Vous me ferés plaisir de n'y pas
perdre un moment et de me l'envoyer le plus tôt possible. J'ai particulièrement à cœur que l'on mette la main à ces ouvrages, comme le désire
le ministre, au mois de germinal prochain, ce qui ne pourroit avoir lieu
si vous ne me faites passer de suite le devis demandé pour établir la
demande de fonds.

BERTIN.

**DÉPÊCHE du Ministre de la marine et des colonies au Commissaire principal
de la marine à Bordeaux.**

(Pièces nᵒˢ 31 et 36.)

Bureau de la police de la navigation.

Paris, 7 brumaire, an VIᵉ.

Le citoyen Tourtille-Sangrain m'a transmis, citoyen, une notice des
phâres et ports, dont le service, l'éclairage et l'entretien des feux lui sont
confiés; à la suite de cette notice se trouve un état des phares existants
sur les côtes de France, des petits fanaux des ports. Il me propose de se
charger de l'illumination, du service et entretien du phâre de la tour de
Cordouan, moyennant 12,000 livres par an. Ce marché est établi sur
les bases des conditions et prix demandés pour l'éclairage des ports et
bassins de Rochefort et du Hâvre et des phâres et fanaux qui se trouvent

dans leurs arrondissements respectifs; ces conditions sont : 1° de fournir
pendant toute l'année, depuis le coucher jusqu'au lever du soleil, les huiles
des meilleures qualités pour le service des phâres, composés chacun d'une
plus ou moins grande quantité de lumière (ceux de l'Isle de Rhé et de
Chassiron montent à 42 de 20 lignes de large, formant un volume de
70 pouces de feu, qui doit réfléchir sur autant de réverbères); 2° d'entretenir à ses frais les lanternes et leurs accessoires; 3° de fournir les mèches
en coton longues-soyes et en quantité suffisante; 4° de fournir également
le bois nécessaire à la dilatation des huiles et au chauffage des gardiens;
5° de payer les gages de ces mêmes gardiens, au nombre de deux pour
chaque phare, ainsi que les appointemens de l'inspecteur de service; 6° de
se charger de la réargenture et de l'entretien des reverbères et de leurs
accessoires, ainsi que de tous les frais prévus ou imprévus, de manière
que l'administration du port ne soit tenue à aucuns détails autres que
ceux de la surveillance des agents qui seroient nommés par elle pour
l'inspection de ce service; 7° de payer l'allumeur chargé de ce service et
tous les frais y relatifs; 8° enfin que le payement du prix de cet éclairage
lui seroit fait à Paris, tous les trois mois, en numéraire, d'après les états
certifiés des commissaires du port sur l'exactitude et la bonté du service.
Telles sont, en général, les principales bases de ce marché, sur lequel je
désire avoir votre avis pour mettre ce service, qui montera à 14,000 livres
par an, sous une seule et même direction et me dispenser du soin de pourvoir, dans chaque port, aux fonds particuliers qu'il faudroit y appliquer.
Vous voudrez bien me faire parvenir le plus tôt possible vos observations.

                                        PLÉVILLE LE PELEY.
    Pour copie(¹) : BERTIN.

(¹) Lettre en double expédition. En marge de la première, on lit : *Pour le citoyen
Teulère;* et en marge de la seconde : *Pour le citoyen Déjean.*

**LETTRE du Commissaire principal de la marine à Bordeaux
à l'ingénieur Teulère.**

[Pièce n° 32, original sur fort papier.]

Bordeaux, le 18 brumaire, an VI de la République, une et indivisible.

*Le Commissaire principal de la marine à Bordeaux au citoyen Teulère,
ingénieur en chef des bâtiments civils de la marine, à Rochefort.*

Le ministre de la marine, par sa dépêche du 7 de ce mois, me demande des renseignements sur la question de savoir s'il y auroit de l'avantage à accepter l'offre que fait le citoyen Tourtille-Sangrain de se charger, pour une somme de 12,000 livres par an, de l'illumination et de l'entretien du phâre de Cordouan.

Je vous remets, ci-jointe, une copie de sa dépêche et vous prie de me faire part de votre opinion sur les demandes qu'elle contient.

Le citoyen Sangrain étoit autrefois chargé du service qu'il propose de reprendre; je vais rechercher ses anciens marchés pour les comparer à celui qu'il offre aujourd'huy au ministre.

J'ai reçu, avec votre lettre du 27 vendémiaire dernier, les pièces qu'elle m'annonce; mais j'ai vainement fait rechercher au bureau du Contrôle celles que vous me dites y avoir été déposées. Je n'ai donc pu les confronter avec les vôtres, ni répondre à la demande du ministre, qui désire recevoir avant le mois de ventôse le devis des réparations à faire à la tour de Cordouan.

BERTIN.

Au dos :

Le Commissaire principal de la marine Bertin au citoyen Teulère, ingénieur en chef des bâtiments civils de la marine, à Rochefort.

MÉMOIRE de l'ingénieur Teulère sur les travaux à faire à la tour
de Cordouan en l'an VII.

Royan, 22 germinal, an 7ᵐᵉ.

*Extrait de la minute manuscrite du rapport adressé par l'ingénieur Teulère au
Commissaire principal de la marine à Bordeaux, relativement aux travaux
indispensables à faire à la tour de Cordouan, en l'an 7ᵐᵉ.*

Citoyen,

Vous avés su, sans doute, que la barque des transports n'avoit pas pu
décharger en entier une seule fois depuis que les ouvriers sont à la tour,
et qu'il y avoit quatre ou cinq jours que cette barque se présentoit tous
les jours pour aborder et qu'elle étoit forcée de relâcher.

Les ouvriers ayant fait un signal de détresse, je me déterminai à passer
au Verdon pour prendre la pinasse du pêcheur, *seule espèce de bâteau
avec lequel on puisse traverser les brisants.*

Malgré le mauvais tems, la grosse mer et les brisants, je parvins à
porter des vivres à la tour.

J'ay trouvé les ouvriers occupés à tailler des pierres pour le revêtement. J'ay trouvé que la mer avoit enlevé dans la partie de l'E.-N.-E., à
prendre à un mètre de distance de la porte de la marée, dix-neuf mètres
de longueur de revêtement sur toute la hauteur du mur d'enceinte, lais-
sant par intervalle quelques portions d'assises suspendues en l'air. J'ay
ordonné de faire tomber ces pierres, pour ne pas compromettre la vie
des ouvriers.

J'ay vu que dès leur arrivée les ouvriers avoient fait une espèce de
masque avec des pierres posées à faux trait, recouvertes de planches
(pantives) et retenues avec des barres de fer scellées dans le massif et sur
le parement pour éviter qu'une grosse mer ne vienne pas démolir la porte
de la marée, partie essentielle à conserver.

A la suite de la brèche actuelle du côté du nord, j'ay trouvé que le
revêtement étoit effondré dans seize mètres de longueur sur également
toute la hauteur du mur d'enceinte, partie qui m'a paru ne devoir pas
résister à une grosse mer de vives eaux. J'ay donc porté aussy cette
partie à refaire de suite.

J'ay trouvé à la tour un appareilleur très intelligent, ce qui m'a tranquillisé. Je lui ay prescrit de visiter le mur d'enceinte et de faire garnir en mortier de ciment et étoupes par dessus tous les joints qui donneroient passage à l'eau, en attendant que la mer permette de porter de nouveaux matériaux. Ce travail est indispensable pour conserver les parties du mur d'enceinte, qui menacent ruine, jusques à ce que nous puissions les réparer.

L'entrepreneur Burguet a beaucoup de ciment pilé, beaucoup de pierres à S¹-Savinien. Les avances qu'il a déjà faites le mettent dans l'impossibilité d'en faire davantage. Ne pourriés-vous pas demander au ministre qu'il affecte le reste des fonds de l'an 6ᵐᵉ aux travaux de l'an 7ᵐᵉ? C'est le seul moyen de ne pas perdre de temps : nous n'en avons pas trop pour faire 35 mètres de longueur de revêtement.

. . . .

LETTRE du Ministre de la marine à l'ingénieur Teulère.

(Pièce nº 33, original sur fort papier.)

1ʳᵉ division. — Bureau des travaux maritimes.

Paris, floréal, an 7ᵐᵒ de la République, une et indivisible.

Le Ministre de la marine et des colonies par intérim au citoyen Teulère, ingénieur en chef des Bâtiments civils, à Rochefort.

Le Commissaire principal de marine à Bordeaux m'a fait parvenir, citoyen, les plan, rapport et devis estimatif que vous avez rédigés pour servir aux réparations du mur d'enceinte de la tour de Cordouan.

Cet administrateur m'a également adressé une soumission par laquelle le citoyen Burguet s'oblige d'exécuter les réparations dont il s'agit aux conditions que vous avez fixées, sous la réserve cependant que si, dans le cours du travail, une partie de celui déjà exécuté venoit à être renversée par l'impétuosité des vagues (quoique cet entrepreneur eût exactement rempli les conditions prescrites par le devis), il lui seroit tenu compte desdits ouvrages sur les procès-verbaux rédigés par vous.

Cet événement, que vous aviez prévu, et dont la chance devoit être supportée par l'entrepreneur, avoit, sans doute, influé sur la fixation des prix du devis, qui m'ont paru très élevés, surtout ceux du mètre cube de maçonnerie en pierres de taille du revêtement, que vous portez en bloc à 227 fr. 50. En décomposant ce prix, j'ai vu que, d'après votre rapport, l'achat et transport de la pierre à Royan est :

Pour un mètre cube, de. . . . . F.   43 80
Fret de Royan à Cordouan (page 5ᵐᵉ du devis). 20 55
Embarquement, débarquement (coté du devis page 3). . .   25 29

Prix du mètre cube transporté à Cordouan. . . . . .F.   89 64
Pour compléter le prix total du devis, il resteroit, pour déchet, taille, pose et mortier.   137 86

F.   227 50

Et ce dernier objet, qui ordinairement est moindre que la valeur de la pierre de taille, excède de plus de moitié dans cette circonstance.

D'après la connoissance que j'ai de vos talens et de votre précision dans les estimations, je suis bien assuré que vous avez mis la même exactitude dans ce dernier travail; mais comme le devis n'est pas suffisamment détaillé, je n'ai pu connoître le rapport des prix réels avec ceux qui résulteroient de la soumission du citoyen Burguet, si les modifications qu'il a proposées étoient adoptées; je n'ai donc pu donner mon approbation à ce marché.

Il eût été à désirer que vous eussiez fait un devis particulier comprenant la description de l'ouvrage, les dimensions, les cubes des diverses espèces de matériaux qui doivent y entrer; enfin les conditions qui sont relatives au mode d'exécution des travaux.

Une autre pièce séparée, sous le titre de « détail estimatif », devoit comprendre les calculs relatifs aux diverses parties de l'ouvrage et leur estimation, en prenant pour chaque espèce un sous-détail du prix, qui renferme tous les éléments qui le composent, afin de faire cesser toute incertitude sur l'estimation et les quantités, dont les valeurs particulières forment l'ensemble du prix total.

Je n'ai pas besoin de vous observer que cette forme est essentielle dans

8

les cas, très fréquens, où quelques circonstances imprévues obligent de changer quelque chose dans les constructions ou de les suspendre. Si l'entrepreneur ne connoît pas et n'a pas accepté les sous-détails et les élémens qui constituent les prix de chaque partie d'ouvrage, telle par exemple que le mètre cube de maçonnerie, il est impossible de régler son compte sans qu'il y ait lieu à des réclamations.

Passant ensuite à l'examen des moyens de construction indiqués par le devis, j'ai remarqué que, pour empêcher les effets de la mer sur les paremens du mur d'enceinte, vous proposez d'encastrer les pierres les unes dans les autres, au moyen de crochets, dans les lits horisontaux et même dans les joints verticaux. Vous annoncez que vous avez reconnu en 1780, par la démolition du mur d'enceinte du côté de l'ouest, le vice des lits et des joints horisontaux, trop démaigris, et que, pour éviter les crampons en fer, vous avez imaginé de crocheter les pierres dans les lits et joints ; que vous avez fait fabriquer à cet effet des panneaux en fer, en vous proposant de suivre ce procédé dans toutes les parties qui viendroient à fléchir ou à être enlevées ; mais vous ne faites pas connoître quel a été le résultat de ce moyen, et si c'est d'après son succès au mur de revête-ment dont il s'agit que vous vous déterminez à le proposer de nouveau.

Il m'a été observé que, lors même que l'expérience auroit prouvé l'efficacité de ce moyen, il seroit à désirer, vu l'augmentation considérable de dépense qu'il occasionne, que l'on adoptât un autre système ; celui-ci présente d'ailleurs des inconvéniens lorsqu'il est appliqué aux construc-tions de la mer. Cette sorte d'ouvrage exige qu'une pierre soit assise sans cales dans toute la superficie de ses lits, sur une couche bien égale de mortier, sans aucun vuide, ce qu'on ne peut présumer avoir lieu pour les encastremens, à cause de la multiplicité des faces des crochets, quelles que soient la précision et l'exactitude du tailleur de pierre. Ce mode a encore le désavantage d'empêcher de ficher les joints verticaux, que l'on ne peut garnir de mortier et où l'on peut seulement couler de la laitance.

Les commissaires que j'ai chargés de l'examen de cette proposition m'ont observé que, sans avoir recours à un moyen semblable, on avoit obtenu le succès complet de plusieurs travaux à la mer exécutés par lits horisontaux et joints verticaux taillés sans démaigrissement, et absolument pleins dans la longueur des pierres. Les joints ont été d'abord calfatés sur deux à trois pouces pour empêcher l'effet de la mer sur les mortiers encore frais; ils ont ensuite été dégradés et refaits au mortier de Pozzolane et lissés à plusieurs reprises, jusqu'à ce qu'ils soient devenus secs et ayant acquis une dureté capable de résister à la mer. Ces ouvrages, construits depuis dix ans, exposés à une mer très houlleuse, n'ont pas donné, dans une longueur de 400 mètres de développement, une seule fontaine, et, pour être ainsi conservés, ils n'ont eu besoin que d'un léger entretien.

Si cependant, malgré cet exemple du succès d'un mur à la mer construit sans encastrement, vous craigniez toujours l'infiltration des eaux au derrière du parement, et que, pour prévenir l'effet de leur poussée sur les pierres, lorsque la mer se retire, vous pensiez qu'il fût convenable d'employer des crochets, il seroit bon de n'en user que pour les lits horisontaux, ce qui diminueroit de beaucoup la dépense; et, dans ce cas, il seroit conforme aux règles de l'appareil de retourner les lits d'équerre à la face du talud, conformément au dessin ci-joint.

En proposant les encastrements en pierre, vous aviez aussi pour objet de garantir l'ouvrage pendant la construction, dans l'intervalle des marées, ainsi que d'empêcher qu'un coup de vent ne détruise quelques parties d'assises nouvellement posées; mais on a douté que, dans ce dernier cas, les crochets fussent suffisans, vu l'inefficacité ordinaire des crampons de fer pour lier les pierres d'une maçonnerie aussi exposée; les commissaires ont pensé qu'il seroit possible de se garantir, ou au moins diminuer les avaries qui ont lieu pendant la haute mer, en se servant, conformément au dessin ci-joint, d'un système d'étayement qui fixeroit la dernière assise nouvellement posée, et la maçonnerie au derrière.

Ce système d'étayement mobile est composé des montants a, parallèles au talud du mur, scellés par un fort boulon dans l'assise inférieure et par le haut, au moyen d'un tiran en fer formant boulon dans sa partie antérieure et portant à son extrémité supérieure une clef assujétie dans le noyau de l'ancienne maçonnerie. Les poteaux, qui seroient espacés de deux mètres en deux mètres, seroient percés à l'avance de trous correspondants à toutes les hauteurs d'assise et procureroient la faculté d'y fixer au moyen de boulons les ventrières *b c* à la hauteur dont on auroit besoin.

Lorsque, menacé d'un coup de vent, on voudroit assurer l'assise qui viendroit d'être posée, on planteroit les madriers sur l'assise et sur la maçonnerie arrasée ; ces madriers seroient maintenus vis-à-vis chaque poteau par la traverse *d e,* la contre-fiche *f g* seroit ensuite posée comme le dessin l'indique et assurée au moyen de coins en bois. Cet appareil, qui n'exigeroit pas demi-heure de travail, a paru devoir résister à un coup de vent et garantir l'ouvrage jusqu'à ce qu'on puisse le continuer sans danger.

Au surplus, je ne vous présente ces réflexions que comme le résultat des observations des commissaires sur les moyens de garantir l'ouvrage pendant sa construction ; vos connoissances et votre longue expérience ne vous laisseront sans doute pas incertain sur le choix des ressources à employer dans cette circonstance.

L'une des conditions du devis exige que les mortiers soient faits avec de l'eau douce. Si cette condition entrainoit une augmentation de dépense, il faudroit y renoncer ; car il est bien reconnu à présent que la mauvaise qualité des mortiers faits avec de l'eau de mer est un préjugé qui n'est pas fondé. On emploie avec succès dans les ports de la Manche l'eau de mer, et les mortiers acquièrent la plus grande dureté.

En me résumant sur l'objet de cette lettre, mon intention est, citoyen, que vous adressiez au Commissaire principal de marine à Bordeaux un devis rédigé dans la forme que je viens d'indiquer, en supprimant totalement les encastremens ou en les admettant seulement pour les lits horisontaux ; vous retrancherez également des conditions de ce devis l'obligation de n'employer que de l'eau douce pour la fabrication des mortiers. Vous voudrez bien accompagner l'envoi de cette pièce d'un état estimatif de l'ouvrage, dans lequel vous ferez rentrer les détails qui sont rappelés ci-dessus.

Le Commissaire principal fera transcrire le bordereau de chaque espèce d'ouvrage, dont il laissera les prix en blanc, pour être remplis par les entrepreneurs de l'arrondissement, qui seront appelés à concourir à cette adjudication par voie de soumission par écrit, et il leur sera donné à cet effet communication des conditions du devis.

Les prix que vous aurez fixés, et dont l'administration seule aura connoissance, la mettront dans le cas de me transmettre ses observations sur celle de ces soumissions qui paraîtra devoir mériter la préférence, puisque votre éloignement de Bordeaux ne vous permettra point de lui faire part de votre opinion sur cet objet.

Dans le cas où ces formalités indispensables entraîneroient des longueurs que l'état de dégradation du mur d'enceinte ne peut point comporter, j'autorise le commissaire principal à faire procéder provisoirement aux réparations les plus urgentes à la journée et sous votre direction.

Le Ministre des relations extérieures,

Ch.-Maurice TALLEYRAND.

LETTRE du Ministre de la marine et des colonies au Commissaire principal de la marine à Bordeaux.

(Pièce n° 34.)

1re division. — Bureau des travaux maritimes.

Paris, 27 floréal, an 7me de la République, une et indivisible.

Le Ministre de la Marine et des Colonies par intérim au Commissaire principal de la Marine à Bordeaux.

Avant de prononcer, citoyen, sur l'objet de la délibération du Conseil d'administration, dont vous trouverez une expédition, cy-jointe, émargée de ma décision, je me suis fait rendre compte du travail du citoyen Teulère, ainsi que de la soumission à la suite souscrite par le citoyen Burguet.

Les prix ont paru généralement très élevés, surtout ceux du mètre cube de maçonnerie en pierre de taille de revêtement, portés en bloc à 227 fr. 50.

Comme le devis ne contenait pas les détails suffisants pour faire connaître les élémens de cette fixation, quelque confiance que j'aie dans les talens du citoyen Teulère et dans la précision qu'il apporte dans les estimations, je n'ai pu donner mon approbation à ce marché, contre lequel il m'est d'ailleurs parvenu des réclamations.

En conséquence, je transmets au citoyen Teulère mes intentions relativement à quelques parties du devis qui m'ont paru susceptibles d'être modifiées, et je charge cet ingénieur d'en rédiger un nouveau, comprenant la description de l'ouvrage, les dimensions, les cubes des diverses espèces de matériaux, qui doivent y entrer, enfin les conditions qui sont relatives au mode d'exécution.

Pour faire cesser toute incertitude sur l'estimation et les quantités dont les valeurs particulières forment l'ensemble du prix total, le citoyen Teulère rédigera séparément un état estimatif, qui comprendra les calculs relatifs aux diverses parties de l'ouvrage et leur estimation, en précisant pour chaque espèce un sous-détail du prix qui renferme tous les élémens qui le composent.

Cette forme est essentielle dans les cas, très fréquens, où des circonstances imprévues obligent de changer quelque chose dans les constructions ou de les suspendre. Si l'entrepreneur ne connaît pas et n'a pas accepté les sous-détails et les élémens qui constituent chaque partie d'ouvrage, tel par exemple que le mètre cube de maçonnerie, il est impossible de régler son compte sans qu'il y ait lieu à des réclamations.

Lorsque ces différentes pièces nous auront été adressées par le citoyen Teulère, vous ferez annoncer par des affiches que les citoyens qui voudront concourir à l'adjudication, par soumission, des réparations du mur d'enceinte de la tour de Cordouan, pourront se présenter au bureau du Contrôle de la marine pour y prendre connaissance des clauses et conditions du devis; ils auront également communication du bordereau des différentes natures d'ouvrage; ce bordereau, dont les entrepreneurs pourront prendre copie, sera un relevé exact de l'état estimatif de l'ingénieur; mais les prix y seront laissés en blanc, pour être remplis par les soumissionnaires. La fixation de l'ingénieur sera connue de l'administration seule et lui servira d'objet de comparaison pour juger celle des soumissions qui paraîtra devoir mériter la préférence, puisque l'absence de l'ingénieur ne lui permettra pas d'émettre son opinion à cet égard. Une des conditions d'admission à ce concours sera de produire un certificat de capacité délivré par le citoyen Teulère.

Dans le cas où ces formalités indispensables entraîneroient des longueurs que l'état de dégradation du mur d'enceinte ne peut point comporter, je vous autorise à faire procéder provisoirement aux réparations les plus urgentes, à la journée, sous la direction de cet ingénieur.

Le Ministre des relations extérieures,

Ch.-Maurice TALLEYRAND.

Pour copie : Aug^te Bergevin.

Et en marge :

Pour le citoyen Teulère.

————————◆————————

LETTRE de l'ingénieur Teulère au Ministre de la marine et des colonies.

(Pièce n° 35, minute originale sur fort papier.)

1re division. — Bureau des travaux maritimes.

L'Ingénieur en chef des bâtiments civils à Rochefort au citoyen Ministre de la marine et des colonies.

Citoyen Ministre,

J'ay reçu la dépêche dont vous m'avez honoré relativement au devis que j'ai fait le 7 vendémiaire dernier pour les réparations à faire cette année à la tour de Cordouan.

N'étant pas dans l'usage de fournir chaque fois les détails analytiques, je me suis contenté de les faire pour moy et de présenter les résultats, ce qui est plus expéditif.

Présumant que l'ancien entrepreneur seroit chargé de ce travail, je ne crus pas nécessaire non plus de parler des précautions à prendre, parce que cet entrepreneur les connoît parfaitement.

Dès que vos ordres m'ont été connus, j'ai de suite mis mes détails au net. Je les ai adressés au Commissaire principal de la marine à Bordeaux, avec prière de les faire copier sans y mettre les sommes et de se faire rendre compte si les renseignements qui m'ont été transmis sur les prix des matières et le fret des barques pour leur transport sont exacts; dans le cas contraire, de rectifier les erreurs et de comparer ensuite mes détails ainsi rectifiés avec les demandes des entrepreneurs.

J'ai l'honneur de vous adresser, citoyen ministre, une copie de ces détails, afin que vous soyez fixé lorsque le commissaire principal vous adressera la nouvelle soumission. En attendant, je vous prie d'ordonner qu'il soit fait des approvisionnements de matériaux, car la brèche est ouverte et nous n'en avons pas pour la fermer.

Comme il y a très peu d'entrepreneurs qui connoissent la position extraordinaire de la tour de Cordouan, j'ai cru devoir leur parler de sa position et des difficultés de l'aborder.

J'ai cru devoir exiger aussi que l'entrepreneur qui voudra se charger de l'exécution de ces travaux fournira des preuves comme il a entrepris ou dirigé avec succès des ouvrages exposés au choc de la mer.

Les moyens que j'ai constamment employés pour éviter la destruction des ouvrages faits en brèche lors des grosses mers, sont très simples : ils consistent à avoir des pièces de bois de chêne de deux mètres de longueur chacune, taillées sur la courbe du mur d'enceinte et posées dans l'encastrement du lit de l'assise nouvellement posée ; ces pièces de bois sont assez multipliées pour faire toute la longueur de l'assise et se toucher bout à bout.

Sur chaque joint de deux de ces pièces, on établit une jambe de force taillée en gueule de loup par le bas pour emboîter les pièces horisontales et encastrée par le haut de toute son épaisseur dans l'ancien massif; ces jambes de force sont établies en diagonale, afin de présenter sur leur hauteur toujours un angle à la lame pour diminuer l'action du retour.

Aujourd'hui que les crochets des lits sont supprimés, les pièces horisontales seront fixées sur l'assise nouvellement posée avec des boulons de fer qu'on ôtera à volonté.

Si la mer annonce devoir être extrêmement grosse, on clouera des planches d'une jambe de force à l'autre, et on couvrira ces planches et la brèche avec un prélat, qui recevra et renverra le choc de la lame.

Ce moyen simple a toujours été suffisant, en ajoutant une petite maçonnerie provisoire derrière les pièces horisontales et relevée contre l'ancien massif pour éviter les affouillements que la lame tend à faire par sa chute et son action de retour.

Je crois que cet arrangement, représenté par le profil ci-joint, est moins exposé à être brisé ou renversé par la lame roulant au pourtour de la tour que lorsque les pièces principales sont posées sur la surface du revêtement.

A l'égard des crochets dans les lits et joints, j'y ai tenu longtemps, attendu que la mer a respecté les parties que j'ai rétablies depuis vingt ans; mais je conçois qu'il est possible et avantageux de les supprimer et de tailler toutes les pierres perpendiculairement au taluts. J'avais adopté cette idée dans mon dernier projet de môle pour Royan, et je me proposais de faire de nouvelles observations pour savoir si je pourrais suivre sans danger le même procédé à Cordouan; les observations des commissaires me décident, et je suivrai leur idée avec plaisir.

A l'égard du mortier fait à l'eau douce ou salée, voicy les motifs qui m'ont fait donner la préférence à l'eau douce :

A mon arrivée à Cordouan, en 1776 (85), j'observai que, lorsque le tems étoit à la pluie, tous les murs des chambres et magasins adossés contre le parapet d'enceinte étoient mouillés, et cette eau paraissoit sortir de tous les pores de la pierre et principalement des joints; lorsque le tems revenoit au beau, les murs étoient secs.

Je voulus savoir si cela tenoit à l'eau qui entroit dans la composition du mortier. En conséquence, je fis éteindre de la chaux avec de l'eau de mer et je fis faire le mortier à l'eau douce; ce mortier, fait dans la cour, présenta dans la journée du sel cristallisé à sa surface et en telle quantité qu'on avoit de la peine à voir le mortier. Je fis ôter ce sel avec un balai et jetter de l'eau douce sur le mortier pour enlever le reste du sel; mais, sans retoucher au mortier, le lendemain je trouvai encore du sel à la surface, que je fis balayer de nouveau, et je fis mettre ce mortier dans un coin du magasin.

Je pris ensuite de la chaux éteinte à l'eau douce, et je fis faire le mortier avec de l'eau de mer; le sel se déclara à la surface du mortier, comme dans la première expérience, mais en moindre quantité.

Je pris ensuite de la chaux éteinte à l'eau douce, et je fis faire le mortier à l'eau douce; icy, point d'apparence de sel.

Je pris ensuite un échantillon de chaque espèce de mortier; je les mis au soleil pour les faire sécher, et lorsqu'ils me parurent parfaitement secs, je les fis placer sur une planche dans le magasin, et j'observai que toutes les fois qu'il devoit pleuvoir les mortiers dans lesquels l'eau salée étoit entrée étoient mouillés, tandis que celui fait à l'eau douce restoit sec.

D'où je conclus que s'il est indifférent que le mortier soit fait à l'eau douce ou salée pour les ouvrages de mer qui ne comportent ny logements ny magasins, il n'en est pas de même lorsqu'on veut avoir des magasins ou logements exempts d'humidité, autant qu'il est possible.

D'après cela, conformément à l'avis des commissaires, le mortier sera fait à l'eau de mer depuis le sol jusqu'à cinq mètres au-dessus du rocher; mais, dans le surplus de la hauteur, le mortier sera fait à l'eau douce.

Vous avés, citoyen ministre, autorisé le commissaire principal de la marine à Bordeaux à faire procéder provisoirement aux réparations les plus urgentes, à la journée, sous ma direction; mais je vous prie de considérer que les approvisionnements des matériaux resteront suspendus jusqu'à l'époque de votre approbation; qu'il faudra alors les commander de nouveau, et que nous ne les obtiendrons peut-être rendus à Royan qu'à l'entrée de la mauvaise saison, époque à laquelle il sera impossible d'aborder la tour.

Je vous réitère donc la prière d'autoriser, en attendant, les payements des pierres extraites ou à extraire aux carrières, conformément à la demande que l'ancien entrepreneur en a faite d'après mes ordres, et le payement des transports pour les faire rendre à Royan le plus tôt possible, de même que la chaux et le ciment, car si la brèche reste ouverte pendant l'hiver prochain, il est à craindre que tout le reste du revêtement s'écroule; alors le parapet, étant trop faible, ne résistera pas : les magasins seront détruits; point de sûreté pour les ouvriers dans le mauvais tems; les dépenses à faire seront énormes, et le succès très incertain, car, plus les besoins seront multipliés, moins les ouvriers auront de place pour travailler.

Je vous prie donc de prendre l'objet des approvisionnements en très grande considération.

Comme je ne puis pas rester constamment à la tour, je vous prie, Citoyen ministre, de destiner à cet usage, et pour la campagne, un élève qui ait un bon corps, qui ne craigne pas la mer et qui soit studieux; avec des principes, dans cette solitude, il aura de quoi réfléchir et observer d'une manière utile pour les travaux hydrauliques, en veillant à ce que les conditions du devis et marché soyent exactement suivies.

Salut et respect.

TEULÈRE (¹).

(¹) Cette remarquable lettre au Ministre de la marine est de la main du célèbre ingénieur, qui a dû la travailler, on le voit aux nombreuses ratures de la minute que nous avons eue sous les yeux.

LETTRE de l'entrepreneur Dusser à l'ingénieur Teulère.

(Pièce nº 38.)

Cordouan-Royan, 25 messidor, an 7ᵐᵉ de la République.

Lettre du citoyen Dusser, l'un des entrepreneurs de travaux de Cordouan, au citoyen Teulère, ingénieur de la marine à Rochefort.

Citoyen,

J'ai reçu vos lettres des 12 et 21 courant, et de suite j'ai communiqué la première au citoyen Giboin, pour transmettre vos propositions au citoyen S. Légier, qui a répondu à celles qu'on lui a déjà faites et qu'on pourra lui faire à l'avenir qu'il vouloit *soixante mille francs* comptant ou 80,000 francs à crédit, ce qui s'éloigne prodigieusement de l'offre. Il ne faut donc plus y compter; quant à moi, j'y renonce irrévocablement.

Je viens à la brèche de 42 pieds environ. Brunet, l'appareilleur, et moi avons délibéré ensemble, et nous ne nous sommes déterminés à démolir qu'après mûre réflexion et dans l'intérêt des entrepreneurs de la République. Sur les 42 pieds, nous n'en avons démoli que 22 à 24 pieds; le reste nous a paru meilleur que la reconstruction. Nos motifs sont :

1º Les matériaux suffisants qui existoient en attendant Savinien;

2º La nécessité indispensable de lier les deux œuvres ensemble pour en faire un corps de plus grande résistance.

Personne ne peut nier qu'en architecture, et à Cordouan surtout, s'il étoit possible de refaire l'enceinte d'une seule œuvre, à cause des liaisons, il ne faudrait pas hésiter. La lettre impertinente que m'a écrite Burguet au sujet de cette brèche m'a tellement découragé, que je suis revenu à Royan; j'ai exécuté ses ordres comme s'il avoit eu le droit de m'en donner.

J'attends aujourd'hui le résultat de ses menaces, qui me signalent son ingratitude pour mon zèle et l'accélération des travaux. Je vois à travers tout cela son chagrin de m'avoir pour associé.

Salut et fraternité.   DUSSER.

Et au dos :

Au citoyen Teulère, ingénieur de la marine, Rochefort.

━━━━━━━━━━◆━━━━━━━━━━

LETTRE adressée à l'ingénieur Teulère par l'appareilleur des travaux de Cordouan.

(Pièce n° 37.)

━━━━

Cordouan, le 9 thermidor, an 7ᵐᵉ.

Lettre du citoyen Brunet, appareilleur des travaux à Cordouan, au citoyen Teulère, ingénieur des bâtiments civils de la marine, à Rochefort.

Citoyen aingénieur,

Le Comisaire de la marine à Royan m'a fait parvenir votre lettre en dacte du 4 termidor, dans laquelle vous me recommandés de bien traiter la bezogne et de ne pas expozer le citoyen Burguet à perdre sa réputation et sa fortune par la mauvaise construction que j'ay pouvés faire (1).....

(1) Dans cette longue lettre de cinq pages, dont nous ne donnerons qu'une analyse, Brunet exalte son honnêteté, son désir de bien faire et son talent de constructeur très connu depuis plus de vingt-cinq ans ; — s'il n'a pu mieux faire à la tour, c'est que les matériaux nécessaires lui ont manqué.

On lui a fait démolir une partie de son travail, qui avait soufflé, et le citoyen Burguet lui en adresse des reproches, auxquels il a été d'autant plus sensible, qu'ils ne devaient pas rejaillir sur lui.

Il avoue que, ne recevant pas de pierres, il a eu un moment l'idée d'abandonner son travail, mais il ne l'a pas fait ne voulant avoir rien à se reprocher.

Le citoyen Burguet lui ayant dit que si la brèche faite par la mer au mur d'enceinte de la tour n'était pas fermée, il serait ruiné, il s'est armé de courage, et, en attendant la pierre tendre, il a travaillé avec la pierre dure, dont il avait à la tour 248 pieds, en tout 2,450 pieds.

Une fois l'assise en pierre dure posée, il sera à 14 pieds 8 pouces de hauteur, sur environ 80 pieds de longueur, qui est celle qu'a en ce moment la brèche ; il continue à faire tailler la pierre et croit être hors de danger, Dieu merci.

Brunet, qui est *absolument illettré*, a joint à sa lettre un tableau des pierres employées à cette construction et indiqué leurs dimensions.

━━━━━━━━━━◆━━━━━━━━━━

**LETTRE du Ministre de la marine et des colonies au Commissaire principal
de la marine à Bordeaux.**

(Pièce n° 49.)

1re division. — Bureau des travaux militaires.

Paris, le 21 vendémiaire, an 8me.

Lorsque je vous ai fait connaître, citoyen, que le devis estimatif des travaux à faire au mur d'enceinte de la tour de Cordouan présentoit des défectuosités qu'il importoit de rectifier, je vous ai prévenu que, dans le cas où les rectifications et les formalités d'une adjudication publique entraîneroient des lenteurs que l'état de dégradation du mur d'enceinte ne pourroit pas permettre, vous pourriez faire procéder provisoirement aux réparations les plus urgentes à la journée, sous la direction de l'ingénieur en chef.

Cette simple autorisation confirmant les dispositions contenues dans ma dépêche du 23 germinal, relativement à l'acquittement des frais de main d'œuvre et des avances pour fourniture des matériaux de la part des entrepreneurs, devoit, ce me semble, vous suffire pour faire délivrer au citoyen Burguet, sur les fonds de la solde, les décomptes dont il pouvoit avoir besoin pour satisfaire au payement des ouvriers qu'il employoit.

Je vois cependant avec regret que cet entrepreneur a exécuté la presque totalité des travaux qui font l'objet de l'adjudication du 4 messidor, que je n'avois point approuvée, dans la persuasion où j'étois que cette mesure devenoit au moins inutile, en s'en tenant littéralement aux fins de ma lettre du 27 floréal. Mais puisqu'il résulte du compte que vous me rendez que l'entrepreneur Burguet s'est engagé, dans la foi de cette adjudication, avec les fournisseurs et les ouvriers, et qu'il est vivement poursuivi par ses créanciers pour le recouvrement de leurs fonds, je vous autorise à faire payer au citoyen Burguet toutes les dépenses consistant en main d'œuvre qu'il vous sera possible d'ordonnancer sur la solde qui est à votre disposition ; de mon côté, je ferai en sorte de comprendre dans les premiers versements qui s'effectueront pour les mêmes objets les vingt mille francs qu'il réclame ; mais ce payement ne pourra s'effectuer que successivement. Il sera bon que vous ne négligiez rien de ce qui pourroit améliorer le sort de cet entrepreneur, s'il vous reste quelques fonds libres sur ceux destinés aux dépenses diverses.

Je vous renvoie, au surplus, revêtus de mon approbation, le devis et l'adjudication que vous m'avez adressés.

M.-A. BOURDON.

Pour copie : Aug^{te} BERGEVIN.

LETTRE de Burguet, entrepreneur à Bordeaux, au Commissaire principal de la marine dans cette ville.

(Pièce n° 43.)

Bordeaux, le 24 nivôse, an 8me.

Lettre du citoyen Burguet, entrepreneur à Bordeaux, au citoyen Bergevin, commissaire principal de la marine à Bordeaux.

Citoyen,

Si les faits contenus en la lettre qui vous a été adressée par le citoyen Dusser, de Royan, et que vous m'avés communiquée le 12 du courant, n'étoient d'un caractère si grave que l'homme public à qui ils sont déférés ne puisse supposer au dénonciateur assés de méchanceté et d'audace pour se porter à de pareilles inculpations au préjudice de la vérité, j'aurois gardé le silence ; je n'y aurois opposé que le mépris. Mais la noirceur et la bassesse de la calomnie m'imposent l'obligation de répondre.

Longtemps avant l'adjudication, qui a eu lieu le 2 messidor dernier, de la réparation de la brèche survenue au mur d'enceinte de la tour de Cordouan, les citoyens Dusser, Bergerac et Hust étoient en correspondance à ce sujet ; trois mois auparavant j'étois instruit qu'il avoit été fait des démarches auprès du ministre pour faire mettre ces ouvrages à l'adjudication.

En effet, le citoyen Dusser, arrivant à Bordeaux le 30 prairial, se rendit de suite chez le citoyen Hust, où il dîna. Dans l'intervalle du dîner, il vint chez moi ; je n'y étois pas ; il dit qu'il repasseroit après midi. Il **revint**; j'étois sorti. Il se répandit en exclamations, en plaintes, en disant qu'il avoit des choses intéressantes à me communiquer. Il annonça qu'il reviendroit le lendemain au matin.

Je n'avois pas envie de m'aboucher avec lui, lorsqu'il revint le premier messidor, fort à bonne heure. Je fis dire que je n'y étois pas. Il redoubla ses plaintes de la veille, et surtout lorsqu'on lui dit que j'étois en campagne pour deux ou trois jours.

Il ne s'en tint pas là. Dans la même journée, il se rendit chez un de mes amis, le citoyen Calmet; il lui témoigna le regret qu'il avoit de ne pas me voir avant l'adjudication, qu'il auroit bien désiré me parler et que ses intentions étoient d'être associé avec moi plutôt qu'avec les citoyens Bergerac et Hust.

Ces démarches réitérées me décidèrent à voir le citoyen Dusser. Il revint, en conséquence, chez moi le 2 au matin avec le citoyen Calmet. Je lui fis connoître que j'étois instruit de ses intelligences avec les citoyens Bergerac et Hust; il ne put en disconvenir; mais il m'assura que ses intentions étoient d'être associé avec moi; il m'ajouta que celles des citoyens Hust et Bergerac n'étoient même pas de mettre à l'adjudication, mais de me demander 6,000 francs pour eux trois; qu'il trouvoit cela trop fort, et qu'il me proposoit de donner seulement 1,500 francs à chacun, ce qui faisoit 4,500 francs. Je lui répondis, en présence du citoyen Calmet, que s'il n'avoit autre chose à me dire, il pouvoit se retirer, et auroit bien dû se dispenser de venir. Alors le citoyen Dusser, voyant qu'il n'avoit pu me faire commettre cette sottise, se retourna et revint sur sa première parole; il me réitéra que son désir seroit d'être associé avec moi plutôt qu'avec les autres, qu'il ne connoissoit pas. Je lui rappelois de nouveau ses liaisons avec eux, et que je ne pouvois absolument en former avec lui. Il insista; le citoyen Calmet me pressa; je consentis, et nous nous quittâmes dans ces dispositions. Cependant il alla rejoindre les citoyens Hust et Bergerac.

L'adjudication m'étant restée, nous passâmes le trois un traité de société portant que chaque associé fourniroit aux avances par égale portion.

Le citoyen Dusser devoit se rendre de suite à Cordouan. Nous conférâmes sur les ouvrages; je lui fis connoître les dispositions faites et celles qu'il falloit suivre. Nous convînmes surtout très expressément de ne point toucher à la démolition qu'il y avoit à faire à la suite de la brèche que cette partie ne fût montée jusqu'au-dessous du couronnement, et principalement qu'il n'y eût des matériaux rendus. Je lui donnai une lettre pour le citoyen Brunet, qui conduisoit les travaux à la tour; dans cette lettre, je marquois au citoyen Brunet que le citoyen Dusser étoit mon associé et qu'il ait à travailler de concert avec lui.

Il part. Arrivé à Cordouan le 6, apres avoir fait poser huit assises, il veut faire cette démolition. Le citoyen Brunet s'y oppose, et lui observe qu'il n'y a point de matériaux. Le citoyen Dusser descend à terre, revient à Cordouan, ose supposer que le citoyen commissaire de Royan l'a autorisé à faire cette démolition, et il l'effectue.

Cependant le citoyen Brunet m'en donna avis. N'ayant pas suffisamment de matériaux même pour monter la brèche; sans espoir d'en avoir de quelques jours; ne pouvant attribuer ce procédé qu'à la plus insigne ignorrance ou à la méchanceté la plus caractérisée, je crus devoir d'abord prendre les moyens d'en éviter d'autres effets. J'écrivis de suite au citoyen Dusser : je lui mandai de sortir de la tour ou, s'il étoit à terre, de n'y pas remettre les pieds; je lui mandai, en outre, conformément à notre traité, qu'il eût à fournir son contingent de fonds; sinon, que j'entendois provoquer sa déchéance; que les six cents livres qu'il avoit fournies étoient à sa disposition chez le citoyen commissaire des classes à Royan.

Le citoyen Dusser, ayant reçu ma lettre, sortit de Cordouan par la première marée; il ne versa point son contigent et retira ses 600 livres, même avec intérêts. A mon arrivée à Royan, je le fis citer chez le juge de paix pour obtenir une déchéance formelle, et il cessa ainsi et dès lors d'être mon associé.

Par la même dépêche que j'avois écrite au citoyen Brunet, voyant le grand retard de la pierre de St-Savinien, que j'avois achetée depuis long-temps, et que la saison s'avançoit, voyant surtout ce qui venoit de m'arriver de la part de Dusser, je prescrivis au citoyen Brunet de faire usage de la pierre dure qui étoit sur le peyrat de Cordouan; j'étois même au moment d'arrêter à Bordeaux 1,200 pieds cube de pierre d'appareil, lorsque je reçus une lettre du citoyen Gibouin qui m'annonçoit une petite cargaison de pierres de St-Savinien et qu'il y avoit trois autres bâtiments en charge d'environ 1,100 pieds cube chacun. En effet, ces derniers furent rendus pour le trois fructidor, et le 20 j'étois parvenu entièrement à monter la brèche et la partie démolie.

C'est cependant après de telles circonstances que le citoyen Dusser a l'impudeur de m'inculper sur plusieurs points :

Le premier est sur l'emploi que j'ai fait de cette pierre dure. Il est vrai que, d'après le devis, je ne devois point en employer, c'est-à-dire que je pouvois employer de la pierre moins dispendieuse ; mais qui m'y a obligé, qui en a été la cause ? — Si je n'eusse pris ce parti, m'eût-il été possible de réparer la sottise qu'il avoit faite ? Ne m'eût-il pas, au contraire, été impossible de mettre le mur d'enceinte à l'abri d'une plus grande dégradation avant l'époque de l'équinoxe ? — A la vérité, il paroît que je ne pouvois pas disposer de cette pierre, quoiqu'elle me soit due depuis 1792 ; mais si j'étois en erreur à cet égard, le non-payement de la somme de 5,251 livres, qui m'étoit due en partie pour cet objet, ne légitimoit-il pas mon erreur, et la circonstance, d'ailleurs, l'urgence des travaux n'eussent-elles pas suffi elles seules pour la légitimer ?

Le second reproche porte sur ce qu'une portion de la brèche n'étoit construite que depuis 5 ans, il est vrai. Mais le citoyen Dusser n'a pas voulu dire que cette brèche a pris naissance dans l'ancienne maçonnerie, du côté du nord, ce qui avoit entraîné la partie du mur faite il y a 5 ans. Il n'a pas dit non plus que j'ai fait à l'ouest, il y a 22 ans, plusieurs reprises, qui ont tenu et qui tiennent encore, malgré que cette partie soit la plus fatiguée, malgré que j'aye été obligé d'y employer les matériaux qu'il y avoit sur les lieux, bien différens d'échantillon de ceux que je viens d'employer.

3° Il n'a pas craint d'avancer que les ouvrages qui ont été exécutés ne valent pas ce qu'il avoit démoli. Je dois laisser au citoyen Teulère et au citoyen commissaire qui a été préposé à la réception des ouvrages à répondre à cette dénonciation grave. Mais, quoi qu'il en soit, pourquoi le citoyen Dusser a-t-il fait cette démolition, si la partie pouvoit subsister ? — Ce n'étoit donc que pour me nuire ; c'étoit pour me mettre dans l'embarras.

4° Il dit encore que les ouvrages ne valoient que 30,000 francs. Je dois également laisser à d'autres à répondre à cette méchanceté, qui est le comble du délire ou de l'intrigue la plus lâche ; mais encore pourquoi

10

donc le citoyen Dusser ou ses amis n'ont-ils pas fait descendre l'adjudication à ce prix?

5° Enfin, il me reproche la chute de la débarquadaire faite à Royan en
l'an 5ᵉ.

Le citoyen Dusser doit savoir, et sait bien, sans doute, que je n'y étois
pour rien; que c'est le citoyen Prévôt, de Royan, qui a fait seul cette
entreprise. Je pourrois lui prouver que si j'ai été à Royan, c'est à la
sollicitation du citoyen commissaire des classes; que, lorsque j'eus vu les
travaux, je dis à ce citoyen, en présence du capitaine du port, de Taudin
fils, pilote, et de Larose fils, boulanger à Royan, que je ne voudrois pas
les assurer pour aucun prix et qu'à la prochaine équinoxe, ils risquoient
d'être enlevés; je pourrois encore lui prouver que je conseillai et fis
établir un masque pour venir rejoindre ce qui étoit fait, et que la majeure
partie des ouvrages que j'ai fait exécuter existe. Je pourrois lui prouver
que je n'y ai eu d'autre bénéfice que d'avoir séjourné environ un mois à
Royan, d'y avoir péri des vêtemens et fait des dépenses.

Pour en finir, citoyen, car j'aurois bien à dire si je ne craignois de
vous fatiguer, je fréquente Royan et Cordouan depuis 1777, et j'ose me
flatter que nul autre ne me fera pas la plus légère inculpation. Je vous
laisse, d'après cela, à juger du mérite de la lettre du citoyen Dusser, et je
me repose sur votre justice.

Salut et respect. BURGUET.

LETTRE du Commissaire principal de la marine à Bordeaux à l'entrepreneur Burguet.

LIBERTÉ ÉGALITÉ

Bordeaux, le 30 nivôse, an 8ᵉ de la République française,
une et indivisible.

*Lettre du citoyen Auguste Bergevin, commissaire principal de la marine à Bordeaux,
au citoyen Burguet, entrepreneur des travaux de Cordouan.*

J'ai lu avec intérêt, citoyen, le mémoire que vous m'avés adressé le
24 de ce mois sur la dénonciation d'un de vos collègues.

Je n'avois pas besoin de connoître tous les détails dans lesquels vous
êtes entré pour être assuré des motifs qui ont fait agir les hommes jaloux

de la solidité de vos travaux. Rien n'a pu faire porter atteinte à la confiance que vous méritès de la part des hommes chargés par le gouvernement de la direction et inspection de vos travaux, et je partage avec le citoyen Teulère la haute opinion qu'il a de vos talens et de vos connoissances.

Aug. BERGEVIN.

LETTRE de l'entrepreneur Burguet à l'ingénieur Teulère.

(Pièce n° 42.)

Bordeaux, le 5 pluviôse, l'an 8me.

Lettre du citoyen Burguet, entrepreneur des travaux de la tour de Cordouan, au citoyen Teulère, ingénieur en chef des bâtiments civils à Rochefort.

Citoyen,

Je vous adresse, ci-joint, copie de la lettre que je viens d'écrire au Ministre de la marine et des colonies avec la réponse du 24 vendémiaire que je vous ai adressée il y a environ trois mois.

Celle que j'ai écrite au citoyen Bergevin avec la réponse.

Je vais vous instruire du sujet de ma lettre au citoyen Bergevin. Le 12 du mois dernier, je fus voir le citoyen Bergevin pour lui réclamer des fonds. Il me répondit qu'il ne pouvoit me faire compter que 1,500 francs. Je lui dis que c'étoit bien peu de chose; encore falloit-il voir le payeur général avant que l'ordonnance ne fût livrée.

Comme j'étois à même de sortir de son cabinet, il m'appelle et me dit : « J'ai reçu des reproches de vous. » Pour lors, il me fit lecture de la lettre que le citoyen Dusser lui avoit adressée. Je saisis très bien tous les articles dont le citoyen Dusser m'inculpoit. A la fin, ma réponse fut de lui dire que cet homme étoit un méchant, et je crus qu'il étoit de mon honneur de répondre sur les dénonciations du citoyen Dusser. Vous verrez que j'ai répondu sur tous les articles. Outre de ce qu'il dit que le prélart et les étançons devenoient inutiles dans cet ouvrage et qu'ensuite il faudroit que ces ouvrages fussent mis entre les mains de l'ingénieur à Bordeaux et que les ouvrages fussent mis à l'adjudication, il termine en disant qu'il est temps que les hommes mettent la chose au jour

J'ignore ce qu'il entend. De plus, la lettre n'est pas de son style; car, à la fin, il se sert de terme qui fit rire le citoyen Bergevin.

Le ministre Bourdon a approuvé et a envoyé son approbation sur mon premier marché, et non sur l'adjudication. Je vous prie de voir cela, pour que mon toisé soit refait sur le prix du devis et du marché que j'ai traité le 27 germinal.

J'ai appris par le citoyen Combes que votre femme, vos enfants et vous étiez rétablis et que vous aviez chassé la fièvre de chez vous. Cela m'a fait un sensible plaisir d'apprendre cette nouvelle. Je désire que la présente vous y trouve dans la meilleure disposition.

Salut et respect.   BURGUET.

P.-S. — J'ai une personne à Paris qui doit présenter ma pétition, elle-même, au Ministre. J'ai promis à la citoyenne qui s'en est chargée de faire un cadeau à une de ses intimes amies, qui se trouve dans le plus grand besoin. Je pense qu'elle pourra réussir. Vous savez que les femmes ont plus de crédit que les hommes.

Si je reçois des nouvelles satisfaisantes, je vous promets de vous en faire part. J'en aurois grand besoin, car je suis encore endetté de plus de 18,000 francs.

DEVIS des ouvrages urgents à faire à la tour de Cordouan en l'an VIII.

[Pièce n° 39.]

Port de Bordeaux. — Marine. — Phare de Cordouan.

A Rochefort, le 3 ventôse de l'an 8e de la République.

Devis des ouvrages à faire à Cordouan pour continuer de réparer la partie du mur d'enceinte ébranlée pendant le courant de l'hiver de l'an 7me, et qui n'a pu être entièrement refaite pendant la campagne dernière.

SITUATION DE LA TOUR DE CORDOUAN ET DIFFICULTÉS DE L'ABORDER

La tour de Cordouan est située à 12 kilomètres un quart de distance de Royan, sur une masse de rochers que la mer couvre de 26 décimètres de hauteur à chaque marée, et laisse le pied de la tour à sec pendant environ quatre heures. Sur un rayon d'environ quatre cents mètres, cette masse se prolonge sous l'eau, du côté du nord, dans environ cinq kilomètres; du côté ouest, un myriamètre; du côté sud, six kilomètres; et dans la partie de l'est, qui regarde la terre, le sable se prolonge jusques à quatre kilomètres de distance.

Les lames du large en traversant les dangers dans les diverses directions que les écueils donnent au courant aux diverses heures de la marée viennent se choquer et se briser sur la partie de sable du côté de l'est et changent la passe presqu'à chaque marée, tel est l'état des choses depuis 1783 (v. s.).

Avant cette époque, le sable de Cordouan formait un banc qui s'étendoit à quatre kilomètres de distance dans la partie la plus éloignée de la tour; cette masse ne couvroit pas et celle la plus proche étoit assez élevée pour rester à sec dans les petites marées. Ce banc formoit une anse dans la partie du sud-est, qui mettoit les barques à l'abri du mauvais temps en leur facilitant le débarquement des matériaux à un kilomètre de distance de la tour au plus.

Aujourd'huy, il faut passer sur des bancs de sable, dont le fond varie à chaque instant.

L'établissement de la marée étant à trois heures trois quarts aux époques de nouvelle et pleine lune, il suit qu'on ne peut partir de Royan en été que depuis la veille de la pleine et nouvelle lune jusqu'au sixième jour. Tenter de partir plus tard de Royan, ce seroit s'exposer à sortir la nuit des sables de la tour; ce qui seroit très dangereux dans tous les cas, car il n'y a jamais ou presque jamais assez d'eau sur les bancs lors des mortes eaux pour une barque de 12 à 15 tonneaux. Jusqu'ici nous avons supposé bon vent et belle mer; mais si le vent est contraire, il est impossible de passer, à moins de s'exposer à périr, attendu que les courants portent avec rapidité sur les dangers, toujours masqués par de forts brisants.

Si le vent vient de la terre et qu'il soit fort, on peut arriver; mais, pour sortir, le patron n'a que la ressource d'attendre que la mer soit asses haute pour passer au milieu des dangers du côté du sud, au hasard de voir sa barque brisée sur les rochers ou d'être engloutie par les brisants.

Toutes ces circonstances rendent les transports très difficiles. Il y a des années, telles que 1783 (v. s.), où il est impossible de faire plus de quatre voyages de barque dans le courant de la campagne.

Comme il faut quatorze hommes pour traîner les blocs de pierre sur les sables mouvants, il suit que la réparation à continuer cette année exige trente hommes; c'est donc à l'entrepreneur à profiter de tous les instants favorables pour faire rendre les matériaux, afin que ses ouvriers ne soyent pas sans occupation.

CONDITIONS GÉNÉRALES

L'adjudication en sera passée en bloc; mais sur le prix de chaque nature d'ouvrage détaillée au tableau ci-joint. En conséquence, chaque entrepreneur, après en avoir pris connoissance, proposera un valoir, qui sera de un demi, un tiers, un quart, un, deux, etc., pour cent, sur l'estimation de chaque article du tableau; en sorte que le rabais influera sur tous les prix partiels, qui formeront le montant total des ouvrages qui auront été exécutés.

DÉTAIL ANALYTIQUE DE LA DÉPENSE DES OUVRAGES A EXÉCUTER
A LA TOUR DE CORDOUAN

ARTICLE 1er.

Détail du prix de la journée d'ouvriers en nourriture et paye comprises, ainsi que les fraix de voyages et fraix accessoires :

2 livres 11 onces pain fait à la tour............F.	»	72
Vin......................................	»	67
1 livre viande fraîche, légumes, petit salé, graisse, huile, beurre, poivre, etc.	»	50
Herbages, carotes, oignons, ail...................	»	10
Eau douce venant de terre.....................	»	10
Bois pour la cuisson des aliments.................	»	11
Chandelle..............................	»	02
Eau-de-vie...............................	»	05
Paye du cuisinier boulanger....................	»	37
Report....F.	2	64

A reporter. . . .F.	2	64

Lit, linge, batterie de cuisine, vaisselle, généralement tout ce qu'il faut dans un ménage, et blanchissage. . . . . » 20

Frais de commis et magazin à Royan. . . . . » 10

Consommation des matelots de la gabarre, de l'équipage, lors des transports à la tour. . . . . » 50

Fraix de voyage des ouvriers et séjour à terre lorsqu'ils se rendent à la tour. . . . . » 30

1/9ᵐᵉ en sus, sur le total de la dépense ci-dessus, pour la décade, jour de repos des ouvriers. . . . . » 33

Paye de la journée. 2 05

F. 6 12

Le prix total de la journée est de 6 fr. 12.

Art. 2.

Détail du prix d'une barrique de ciment rendue à la tour :

Prix d'achat, prise aux chaumières de Virelade. . . . . . . F. 6 »

Pour remplir la barrique. . . . . » 25

Fonçage, clous et cercles. 2 »

Transport de Virelade à Royan, à 5 fr. le tonneau. 2 63

Décharge à Royan par charrette. . . . . 1 »

Charge par charrette à bord de la gabarre. . . . . 1 »

Transport par eau sur les sables de Cordouan. 1 74

Homme de conduite à bord de la gabarre en sus de l'équipage. » 25

Futaille. . . . . 1 »

Fraix de commis et magazin à Royan. . . . . » 15

Transport de dessus les sables au pied de la tour. 3 60

Montée dans l'enceinte de la tour, roulage en magazin et retour des futailles à bord. 1 20

1/30ᵐᵉ déchet. . . . . » 65

Le prix de la barrique de ciment revient à. . . . . F. 21 44

Le mètre cube sera de 89 fr. 43.

Art. 3.

Détail du prix de 5 barriques de chaux vive, qui en produisent 9 de chaux éteinte, ladite chaux éteinte rendue à la tour :

Achat de 5 barriques chaux vive, à 9 fr. . . . . F.	45	»
Extinction de 5 barriques.	5	»
Remplissage de 9 futailles en chaux éteinte.	4	50
Fonçage, clous et cercles.	9	»
Pour les futailles.	9	»
Transport par charrette à bord de la gabarre.	9	»
Transport par eau de Royan sur les sables de la tour.	18	»
Homme de conduite à bord de la gabarre, en sus de l'équipage.	2	25
Transport de dessus les sables au pied de la tour.	31	50
Montée dans l'enceinte de la tour, roulage au magazin, vuidage des barriques et rapport desdites à bord de la gabarre.	10	80
Frais de commis et magazin à Royan.	1	20
1/30me déchet.	4	84
Total. . . . . F.	150	09

Le prix de 9 barriques chaux éteinte est de 150 fr. 09; la barrique ou 7 pieds cube revient à 16 fr. 68; un mètre cube de chaux éteinte sera de 69 fr. 57.

Art. 4.

Détail du prix d'une barrique Pozzolane rendue à la tour :

Achat. . . . . F.	8	»
Pour futaille.	1	»
Remplissage de futailles.	»	25
Fonçage et embarquement.	1	50
Transport à Royan.	4	80
Décharge et recharge à Royan.	2	»
Frais de commis et magazin à Royan.	»	20
Transport par eau sur les sables de la tour.	1	71
Homme de conduite, en sus de l'équipage.	»	25
Report. . . . .F.	19	71

A reporter. . . .F.   19 74

Transport de dessus les sables au pied de la tour. 3 60

Montée dans l'enceinte, roulage, vuidage et rapport de la barrique à bord. 1 20

1/30me déchet. . . . .   » 82

F.   25 33

Le mètre cube sera payé 105 fr. 66.

Art. 5.

Détail du prix d'un mètre cube de mortier de chaux et ciment, conforme aux règles de l'art :

Un mètre cube de ciment. . . . . F.   89 43

Chaux 3/4 de mètre cube éteinte. 52 17

Dépense totale des matières mélangées. . . . . . F.   141 60

Le volume du mortier fait avec ces matières sera un mètre 1/5.

Le mètre cube de ce mortier reviendra donc à. . . . . . . .F.   118 »

Façon du mortier pour mètre cube, 1, 2 jours. 7 34

Pour le porter sur le tas, 0, 4 jours. 2 45

Le prix du mètre cube chaux et ciment sera donc. . . . . . F.   127 79

Détail du prix d'un mètre cube de mortier de Pozzolane et chaux :

Un mètre cube Pozzolane. . . . . F.   105 66

Chaux 7/8 mètre cube éteinte. 60 87

Dépense totale des matières mélangées. . . . . . F.   166 53

Le volume du mortier fait sera d'un mètre 47 centimètres; le mètre cube de ce mortier reviendra donc à. . . . . .F.   113 03

Façon du mortier un jour, 4/10 jour. 8 56

Pour le corroyer sur nouveaux fraix, 1 jour 3/10. . . . . . .   7 34

Pour le porter sur le tas, 0,4 jours. 2 44

Le prix d'un mètre cube Pozzolane et chaux. . . . . .F.   131 37

Art. 6.

Détail du prix d'un mètre cube de maçonnerie en moëllon :
Pour ramasser le moëllon épars, 1/6 jour par mètre
cube. . . . . F.   1 02
Pour le transporter au pied de la tour, 1/2 jour. . . .   3 06
Pour le monter sur le parapet du mur d'enceinte et
le descendre sur le tas, 1/2 jour. 3 06

F.   7 14

Moëllon, mètre cube. F.   7 14
1/3 mètre mortier. 42 60
Main-d'œuvre de la maçonnerie, 1/2 journée. 3 06
Fraix de conduite, 1/30me. 1 77
1/15me pour outils et équipages. 3 67
Pour soins, peines et bénéfice. 5 89

Le prix du mètre cube de maçonnerie en moëllon revient à. . F.   64 13

Art. 7.

Détail du prix d'un mètre cube de pierre de St-Savinien, mis en place :
Un mètre cube coûte d'achat. . . . . F.   16 95
Transport de St-Savinien à Royan, à 18 fr. le tonneau, et
1/10me d'avaries. 36 50
Décharge à Royan, barque comprise. 3 11
Chargement à Royan à bord de la gabarre. 2 92
Transport par eau de Royan sur les sables de la tour, à 6 fr.
le tonneau. 13 14
Homme de conduite à bord de la gabarre, en supplément de
l'équipage. . . . .   2 »
Transport de dessus le sable sur la chaussée. 14 60
Charge et transport depuis la chaussée jusqu'au pied de la
tour. 6 12
Montée dans l'enceinte, roulage et bordage dans l'intérieur. . .   6 07

Report. . . .F.   104 44

Déchet, 1/6me pour le moins, attendu que cette pierre, avant d'être en place, reçoit quatre déchargements depuis la carrière jusqu'à la tour. 16 90

Taille dans tous les joints et lits observant la courbe. 8 07

Roulage et bordage pour porter la pierre sous la grue, la monter et descendre sous le tas. 8 75

Mortier. 7 50

Pose à cause de la sujjétion. 6 12

Calfatage et joints avec étoupe. 3 25

Remplissage des lits avec Pozzolane. 5 30

Pose des étançons et prélards pendant le mauvais tems, prix moyen par mètre. 1 56

1/15me pour équipage, fournitures d'outils, grue et gruaux. . . 10 52

1/10me pour peine, fourniture et bénéfice. 16 37

Le prix d'un mètre cube de St-Savinien revient à. . . . . . F. 185 75

ART. 8.

Détail des prix d'un mètre cube de pierre dure des environs de Béguey :

Le mètre cube coûte d'achat. . . . . F. 43 80

Transport de Bordeaux à Royan, à 6 fr. la tonne. 14 03

Décharge à Royan. 1 55

Charge à bord de la gabarre. 3 80

Transport de Royan sur les sables de la tour. 14 03

Frais de commis du magazin de Royan. 1 25

Homme de conduite à bord de la gabarre, en sus de l'équipage. 2 22

Transport de dessus les sables au bord de la chaussée. . . . 18 75

Charge et transport du bord de la chaussée au pied de la tour. 10 85

Montée dans l'enceinte, roulage et bordage dans l'intérieur. . . 5 25

Déchet 1/10me, à cause que cette pierre est déchargée quatre fois. 11 50

Taille. 29 20

Roulage et bordage pour la porter sous la grue, la monter et la descendre sur le tas. 9 35

A reporter. . . .F. 165 58

Mortier. 7 50
Pose. 8 70
Remplissage des joints avec Pozzolane. 4 97
1/15me pour équipages, fournitures d'outils, grue, gruau. . . . 12 40
1/10me pour peines, soins et bénéfice. 19 14

Le prix d'un mètre cube de pierre dure revient à. . . . . . F. 218 29

ART. 9.

Rejointoiements pour les murs de magazins et pour le rez-de-chaussée
du corps de la tour :
Mortier. . . . . .F. 0 816
Façon. 1 002
1/15me pour outils. 0 120
1/10me bénéfice. 0 182

Total pour 3 mètres quarrés. . . . . .F. 2 120
Le mètre, 0 fr. 70.

Lorsqu'il faudra échafauder, monter le mortier et rejointoyer avec
précaution :
Mortier comme dessus, en ajoutant 1/3 perte. . . . . . . .F. 1 088
Façon sans échafauder et alignement des joints à la règle. . . . 1 503
Le 1/15me d'équipages et outils. 0 151
Le 1/10me de bénéfice. 0 276

Total pour 3 mètres quarrés. . . . . .F. 3 02

ART. 10.

Rejointoiement au mortier de chaux et Pozzolane pour le dessus du
parapet d'enceinte, le dessus du magazin, galeries et entablements :
Mortier. . . . . .F. 1 824
Façon. 2 004
1/15me pour outils. 0 225
1/10me bénéfice. 0 408

Total pour 3 mètres quarrés. 4 46
Le mètre, 1 fr. 48.

Art. 11.

Détail des pierres à changer au corps de la tour :

Un mètre cube pierre de St-Savinien. . . . . F. 101 41
1/16me déchet. 16 90
Taille à cause de la sujjession, 2 jours 10 par mètre. 12 96
Refouillement au poinçon et à la masse, 2 jours 4/10mes. . . . 14 60
Mortier du fond du trou et des joints, 165 décimètres cubes. . 21 14
Pose à cause de la sujjession, une journée 9/10mes. 11 62
Le 1/15mo d'équipages et outils. 11 91
Le 1/10me bénéfice. 19 06

Le mètre cube revient à. F. 209 60

Art. 12.

S'il est question de changer des pierres au-dessus de la première galerie jusqu'au-dessus de la seconde, le mètre cube sera payé en sus du prix ci-dessus, à cause de la sujjession. 14 60

Il sera donc payé. . . . . F. 224 20

Art. 13.

S'il est question de faire des enduits à la salle du rez-de-chaussée, çet enduit sera fait avec du mortier de chaux et ciment d'un centimètre d'épaisseur.

Un mètre cube de mortier fera 110^{m}98 quarrés d'enduit d'un centimètre d'épaisseur.

Le mètre quarré revient à. . . . . F. » 15
Façon. . . . . » 64
Le 1/15mo outils. . . . . » 12
Le 1/10me bénéfice. . . . . » 19

Le mètre quarré reviendra à. . . . . F. 2 10

Art. 14.

Enduits de citerne faits avec quatre couches : la première, de 3 centimètres; les trois autres, de 3 millimètres d'épaisseur.

Un mètre de mortier fera 24^{m}00 quarrés d'enduit pour les 4 couches;

le mètre quarré revient à.........................F.   5 18

Façon, un homme faisant par jour 5^{m}71 pour la 1re couche. .   1 07

Idem, 2me couche, un homme faisant 11^{m}39 quarrés......   » 53

Idem, 3me couche, *idem   idem*   7^{m}59 quarrés......   » 80

Idem, 4me couche, *idem   idem*   5^{m}07 quarrés......   1 07

Huile de noix, 0,5 kilo........................   1 »

Façon de l'appliquer.........................   1 05

1/15me outils.............................   » 71

1/10me bénéfice............................   1 14

Total du mètre quarré.....................F.   12 55

Art. 15.

Menuiserie :

Un mètre cube de bois pourra faire 27^{m}74 quarrés de planches de 27 millimètres d'épaisseur ; le mètre cube de bois coûte à Bordeaux 73 fr.

Le mètre quarré de plancher sera de.............F.   2 69

Le 10,545 quarré coûtant de sciage 0,125, le mètre revient à   1 18

Le 1/10me déchet..........................   » 32

5/19me de jour par mètre de blanchissage, bouvetage, etc. ...   » 88

Pour corroyer les moutures de barruqueux, 8/25me jour. ...   » 87

Transport...............................   » 58

1/15me outils.............................   » 42

1/10me bénéfice............................   » 69

Total du mètre quarré de menuiserie.............F.   7 63

Art. 16.

Détail pour les gros fers, empentures, gonds, colliers, crochets, poignées, clous à tête de potiron faits à terre :

Un myriagramme, à Bordeaux.................F.   6 98

1/10me déchet.............................   » 70

Le myriagramme de charbon à 1 fr. 35, il en faut un myriagramme 5/10mes par myriagramme de fer..............   2 29

Transport de chez le marchand au bâteau............   » 10

*Report....*F.   10 07

A reporter. . . .F.	10	07
Idem du bâteau sur les sables.	»	31
Idem de dessus les sables à la tour.	»	13
0/76ᵐᵉ journée d'ouvrier, à 3.	2	30
1/15ᵐᵉ d'outils.	»	85
1/10ᵐᵉ de bénéfice.	1	36
Le prix d'un myriagramme sera. . . . . F.	15	02

Si l'on est forcé de faire le travail à la tour, il sera payé 17 fr. 40.

Art. 17.

Détail des fers pour former les cadres à l'intérieur de la lanterne :

Un myriagramme de fer. . . . . F.	6	98
1/10ᵐᵉ de déchet.	»	35
Charbon, comme ci-dessus, 0,75 myr. par myr. de fer.	1	09
Transport de Bordeaux à la tour.	»	38
Journée d'ouvrier, 0,61 jour.	3	73
1/15ᵐᵉ outils.	»	83
1/10ᵐᵉ bénéfice.	1	33
Total du prix d'un myriagramme. . . . . F.	14	69

Art. 18.

Détail du prix d'une serrure de porte du magazin :

Fer, 0,34. . . . . F.	2	38
Charbon, 0,68.	1	15
2 journées 1/2, à 3.	7	50
Pose à cause de la sujjession.	1	50
1/15ᵐᵉ outils de forge.	»	83
1/10ᵐᵉ bénéfice.	1	33
Total d'une serrure . . . . F.	14	69

A Rochefort, le 3 ventôse de l'an 8ᵐᵉ de la République.

TEULÈRE.

PROCÈS-VERBAL de visite des balises placées sur les côtes à l'entrée de la Gironde.

(Pièce nº 41, minute manuscrite sur fort papier, entièrement de la main de l'ingénieur Teulère.)

Visite des balises sur les deux côtes de l'entrée de la rivière de Bordeaux, relativement aux réparations à faire pendant le courant de l'an VIII.

TOUR DE CORDOUAN ET BALISES DE LA CÔTE

ARTICLE 1er.

Magasins de Royan.

Les magasins de la tour de Cordouan, situés à Royan, sont en bon état.

ART. 2.

Balise de Saint-Pierre. — Clocher.

La couverture en ardoises du clocher de St-Pierre de Royan, servant de balise pour la passe de Grave, a besoin d'être réparée pour fermer les voies d'eau; le reste du clocher est en bon état. Cette réparation, réputée de 20 mètres quarrés de surface, à 5 francs par mètre, à cause du transport des ardoises, coûtera la somme de. . . . . F. 100 »

ART. 3.

Tour du Chay. — Balise en pierre.

La tour du Chay, près Royan, servant, avec le clocher de St-Pierre, à diriger les navigateurs dans la passe de Grave, n'a pas besoin de réparations pour cette année. . . . . » »

ART. 4.

Clocher de Saint-Palais. — Balise.

Le clocher de St-Palais, servant, avec le bois et la tour de Terre-Nègre, pour diriger les navigateurs dans les passes du grand et du petit Escameau, route de la Courmère, et passe dite du demi-banc au nord de Cordouan, a sa couverture en partie emportée; il convient de la réparer pour éviter la pourriture des bois de la flèche. La surface de cette couverture à réparer a environ 25 mètres quarrés, qui, à 5 fr. 50, à cause du plus

*A reporter. . . . .*F. 100 »

Report. . . .F. 100 »

long transport, coûteront la somme de. . . . . F. 137 50

Le plomb du pourtour des 4 arêtes de la flèche a été enlevé ; il est nécessaire de le rétablir. Ce plomb pèsera environ 9 myriagrammes 3/4, à 10 francs par myriag^{me}, la somme de. 97 50

Des mal intentionnés ou des voleurs ont enfoncé la porte d'entrée de cette église en y faisant rouler un monceau de maçonnerie et ont enlevé la serrure de cette porte. Il convient de déblayer le devant de cette porte, de rétablir la serrure, à laquelle on fournira trois clefs, pour être déposées : chez le commissaire de la marine à Royan, la seconde chez le maire de la commune, et la 3me au corps de garde des employés de la douane du poste voisin.

Le déblayement du devant de la porte. . . . . 12 »

La serrure avec les trois clefs. 14 50

Lors de l'établissement de la flèche du clocher, il existoit un porche devant la porte de cette église. Le seigneur de cette commune sollicita et obtint le rétablissement de ce porche. Aujourd'huy que ce hangard ne présente pas le même degré d'utilité et que, d'ailleurs, la couverture s'écroûle, il est indispensable de la démolir et de mettre les bois, planches et tuiles sur la voûte du clocher, afin d'y avoir recours au besoin. Cette démolition et le transport pour monter les matériaux sur la voûte du clocher, en les passant par les croisées du haut, coûtera. . . . . 20 »

Pour éviter les vols de plomb et matières contenues dans le clocher, il est nécessaire de mettre une porte au bas de l'escalier qui y conduit. Cette porte, de 1^{m}80 de hauteur sur 8 décimètres de largeur, en bois de sapin, produisant 1^{m}1/2, à 6 francs le mètre. . . . . . . 9 »

A reporter. . . .F. 290 50 100 »

12

Report. . . .F. 290 50 100 »

Deux pentures et deux gonds pesant un myriag^me . . 15 »

Une serrure, gache, entrée et clef, pose comprise. . . 11 »

F. _____ 316 50

Art. 5.

Bois de Saint-Palais. — Balise.

Le gouvernement a acheté en juin 1773 cinq journaux 1/4 (1 hectaire 85/100 d'hectaire) de bois dans la garenne de St-Palais pour servir, avec le clocher et la tour en pierre, à diriger les navigateurs dans les passes ci-dessus citées.

Lors de l'achat de cette partie de garenne, il fut convenu que si le gouvernement jugeoit à propos de faire garder cette partie, la garde en seroit confiée au seigneur de St-Palais, lequel auroit la liberté de chasser dans toute l'étendue de la garenne, même dans la partie par lui vendue.

Le foible avantage du droit de chasse n'étoit pas capable de dédommager des frais de garde; aussi ce bois n'a jamais été gardé.

Ce bois, livré à tout ce que l'intérêt particulier a voulu entreprendre, est dégradé de manière à n'avoir pas 50 arbres propres às ervir de balise; aussi en est résulté des malheurs, qui peuvent se renouveller tous les jours. Il y a environ deux ans que Bascus, aspirant-pilote de Royan, embarqué comme pilote-côtier à bord d'un transport, contrarié par la mer et les vents, fut obligé de prendre une passe dans laquelle il n'avoit pas passé depuis qu'on avoit dégradé le bois; il crut, comme par le passé, prendre sa direction sur le clocher et sur les arbres restés debout : cette direction le conduisit sur les dangers, où le bâtiment se perdit. On lui fit son procès, et cet aspirant pilote fut condamné aux fers.

Pour arrêter autant que possible la dévastation de ce bois, le citoyen Gibouin, sous-commissaire de la marine à Royan, a engagé le sous-lieutenant des employés de la douane à poste

A reporter. . . .F. 416 50

fixe au coin de ce bois à sévir contre tous les délinquants qui voudroient le dégrader, et comme il ne pouvoit pas donner des salaires aux employés, il leur a permis de jouir de tous les bois morts. Depuis cette époque, on n'a coupé et enlevé que deux arbres, que les pilotes regrettent beaucoup.

Il n'est pas douteux que, sans les précautions prises par le citoyen Gibouin, ce bois ne seroit plus qu'une friche dans laquelle on ne trouveroit que quelques broussailles.

Il convient donc d'encourager les employés de la douane en leur donnant le droit de mettre en fourrière tout le bétail qui entrera dans ce bois pour pacager, et de saisir de jour ou de nuit tout homme qui viendroit pour le dégrader. Une légère gratification suffira à ces employés pour garantir cette possession indispensable à la navigation.

Comme la dune qui fait l'objet le plus précieux de notre bois-balise est presque nue, j'ai prié le sous-lieutenant de ce poste de nous procurer de la graine de pin et de genêt pour la semer dans toutes les parties vides d'arbres. Pour éviter le pacage des animaux, il sera nécessaire de faire une palissade avec des fagots de jonc ou genêt-épineux.

Ce semis, la graine, le labour et la palissade, ne peut pas coûter, suivant les expériences du citoyen Brémontier, au delà de 60 francs par journal, et pour quatre journaux, environ, 240 francs; en y ajoutant 60 francs d'indemnité par an pour la garde, conservation et entretien de ce semis, la première année coûtera la somme de. . . . . F. 300 »

Les années suivantes ne coûteront que 60 francs chacune. Au bout de six années, ce bois commencera à payer les frais de son entretien; et enfin, au bout de vingt années, il donnera du bénéfice, par la résine qu'on pourra en extraire, en donnant ce bois à ferme à un particulier.

La dépense à faire pour l'amélioration et la conservation de ce

A reporter. . . .F. 716 50

bois ne coûtera en tout que 600 francs pour les six premières années. Sacrifice bien foible, comparé aux avantages qui doivent en résulter pour l'État, le commerce et l'humanité.

Le ministre de la marine doit donc être instamment prié de donner les ordres nécessaires au commissaire principal de la marine à Bordeaux, afin qu'il fasse les dispositions convenables.

ART. 6.
Tour de Terre-Nègre et balise en pierre.

La tour de Terre-Nègre, près le logis de Saint-Palais, servant, avec le bois et le clocher, pour la route de la Courmère, la passe du demi-banc et celle du petit Escamau, n'a besoin d'aucune réparation pour cette année.

ART. 7.
Tour de la Pointe de la Coubre, balise en pierre.

La tour en pierre de la pointe de la Coubre, à l'extrémité de la Bonnance, sur le bord de la mer, servant pour la passe du Mattelier et du demi-banc au nord de Cordouan, est en bon état. On a volé la serrure de la porte; mais il m'a paru inutile de la remplacer.

ART. 8.
Balise provisionnelle en bois.

La balise provisionnelle sur la dune, derrière la tour en pierre servant, avec elle, pour la passe du Mattelier, avoit été établie au sommet de la dune; mais cette dune ayant changé de place sans changer de hauteur, la balise s'est trouvée sur la pente du côté de la mer, un coup de vent l'a renversée.

ART. 9.
Balise en bois sur le troisième terrier.

La balise du troisième terrier de la Bonnance, servant, avec la tour en pierre et la balise provisionnelle, pour la passe du

demi-banc, a subi le même sort que la balise provisionnelle, et
par la même cause.

Toutes les balises que l'on plantera de cette manière seront
constamment renversées, jusques à ce que les dunes soyent
fixées de la manière indiquée par le citoyen Brémontier, ingénieur
en chef du département de la Gironde, qui a obtenu un succès
complet dans la fixation d'environ douze cents journaux de dunes
sur le bassin d'Arcachon, du côté de la mer, dunes très élevées,
formées d'un sable très aride, et pour le moins aussi difficiles à
fixer que celles de la Bonnance.

Avant de connoître le résultat des procédés du citoyen Brémontier, voyant que nos balises étoient renversées tous les ans
et que leur rétablissement coûtoit beaucoup, eu égard aux difficultés des transports et du séjour, j'avois proposé au gouvernement
de construire des tours en pierre; une fut approuvée au commencement de l'an second : elle devoit coûter 74,077 francs. Les
fonds furent faits; mais le conflit d'attributions retarda l'exécution,
qui fut enfin suspendue, les fonds faits n'ayant pas été mis à tems
à la disposition de l'agent maritime. Depuis cette époque, on n'a
fait que des balises provisionnelles, qui ont toutes été successivement renversées.

Le citoyen Brémontier m'ayant communiqué son travail et
visité avec moy, l'année dernière, les dunes de la pointe de
Grave, dont l'ensemencement lui parut facile, je saisis avec
empressement l'idée de fixer les dunes de la Bonnance, qui, dès
qu'elles seront couvertes de verdure, et cela aura lieu dès la
seconde année, seront déjà propres au balisage; au bout de six
ans, elles fourniront des échalats pour les vignes du département
de la Gironde; ce produit sera plus que suffisant pour subvenir
aux frais d'entretien, d'amélioration et de garde; au bout de
vingt années, on pourra affermer ces bois, qui commenceront à
fournir de la résine, ce qui augmentera les productions de ce

A reporter. . . .F. 716 50

Report. . . . F.   716 50

genre et les revenus du Trésor public, tandis que dans l'état actuel des choses, les balises occasionnent des dépenses immenses, à cause de leur rétablissement continuel.

Nous parviendrons donc, avec le tems, à avoir des remarques sûres pour toutes les passes dans cette partie; car il suffira, comme l'a très bien observé le citoyen Brémontier, d'ouvrir des allées dans ce bois dans la direction des passes, entre les écueils; et cela est d'autant plus possible que le noyau de presque tous les bancs qui obstruent l'entrée de la rivière de Bordeaux sont de roc vif.

Les dunes sur lesquelles on établit les balises de la Bonnance forment, avec la tour en pierre, sur les bords de la mer un triangle d'environ 2,400 mètres de base, sur environ deux mille mètres de côté, contenant en surface 186 hectares, qui ne peuvent coûter au plus, en supposant toutes les difficultés présumées par le citoyen Brémontier, que 175 francs par hectare, et pour le tout, la somme de 32,600 francs. Mais on peut se contenter cette année d'ensemencer seulement une lisière sur le bord de la mer de 2,400 mètres de longueur sur 50 mètres de largeur, et un retour du côté du nord de 1,900 mètres de longueur sur également 50 mètres de largeur; le tout produisant en surface 21 hectares et demi, qui, au prix ci-dessus, font la somme de. . . . . F. 3,775

Le lieu étant extrèmement désert, izolé et très éloigné de toute habitation, il sera nécessaire de construire une cabanne divisée de manière à loger le maître, les ouvriers et les outils. Cette cabanne sera faite en bois de pin et coûtera. 1,200

F. ———— 4,975 »

Le reste de l'ensemencement pourra être fait peu à peu et accéléré autant que les fonds disponibles pourront le permettre.

A reporter. . . . . F. 5,691 50

Art. 10.
Balise provisionnelle en bois sur le bord de la mer au vieux Soulac.

La balise provisionnelle de Soulac, sur le bord de la mer, se déchausse tous les jours. Elle seroit infailliblement renversée avant l'hiver prochain, si on ne l'arcboutoit pas avec du sable entremêlé de fagots de genêt épineux jusques à la hauteur de la plate-forme. Pour cela, il faudroit amonceler environ 45 mètres cube de sable, fournir deux cents fagots de genêt épineux ayant chacun 14 décimètres de longueur sur 30 centimètres de diamètre, qu'il faut acheter à Mèchers, département de la Charente-Inférieure, transporter par eau jusques au port du vieux Soulac, transporter ensuite à travers les dunes de sable jusques sur le bord de la mer, et enfin les placer. Ce travail, vu l'isolement du lieu et les frais de transport, coûtera la somme de . . . . F.   120 »

Art. 11.
Église de Soulac. — Balise.

Cette église est abandonnée depuis un demi-siècle. Le gouvernement s'opposa à sa démolition, comme étant utile aux navigateurs, et il donna à la commune de Soulac 40,000 livres pour en construire une nouvelle. On établit en 1771 une tour en bois sur la voûte de cette église, qui étoit couverte de sable ; cette tour est tombée de vétusté. Il seroit nécessaire d'exhausser le clocher de cette église ; mais cet ouvrage peut être renvoyé à un autre tems et même supprimé, si on se décide à semer cette dune.

Art. 12.
Moulin de Soulac. — Balise.

Il existoit un moulin auprès de la vieille église de Soulac que le propriétaire vouloit détruire, les sables le gagnant tous les jours. Comme ce moulin étoit utile aux navigateurs, le

A reporter . . . . F. 5,811 50

gouvernement l'acheta le **24** novembre **1758**, par acte passé
devant Duprat, notaire à Bordeaux, pour la somme de 5,000 livres. Ce moulin fut ensuite couvert de sable; il fut dévasté au
point qu'il ne resta plus que la maçonnerie, découverte aujour-
d'huy jusques à ses fondations. Ce point de remarque peut encore
servir tel qu'il est.

<h3 style="text-align:center">Art. 13.</h3>

Balise des signaux de la dune derrière le moulin de Soulac.

La balise des signaux sur le sommet de la dune, derrière le
moulin du vieux Soulac, qui servoit, avec ce moulin, à diriger
les navigateurs entre le banc des Olives et celui de Chevrier,
au sud-sud-ouest de Cordouan, a subi le sort des balises provisionnelles de la Bonnance, car la dune, sans changer de hauteur, s'avance à grands pas, comme celles environnantes, sur
les marais salans et sur les plaines fertiles de Soulac, qui en
sont couvertes un peu chaque jour.

Il est donc bien instant que le gouvernement prenne les
mesures nécessaires pour l'entière exécution du projet présenté
par le citoyen Brémontier; mais si le gouvernement ne peut
pas s'occuper de suite de cette grande entreprise, il est bien
intéressant que le Ministre de la marine ordonne la fixation de
la dune de l'église du vieux Soulac et de celle où étoit la balise
des signaux, qui s'est avancée dans les terres au point de
couvrir en très peu d'années de 20 mètres de hauteur de sable,
au moins, la maison, le jardin et la garenne de la ci-devant
baronnie d'Arès. Il suffiroit, pour le moment, de fixer 600 mètres de longueur sur 300 mètres de largeur, ce qui produiroit
en surface 18 hectares, qui, au prix ci-dessus, non compris la
construction de la cabane, la vieille église ou les maisons voi-
sines pouvant en tenir lieu, la somme de. . . . . .F. 3,200 »
Mais en attendant que la verdure soit venue sur ces dunes, il

A reporter. . . . .F. 9,011 50

Report. . . .F. 9,011 50

est indispensable d'établir une balise provisionnelle sur le sommet de celle où étoit la balise des signaux.

Cette balise, ainsi que celles à rétablir sur les dunes de la Bonnance, seront composées chacune,

Savoir :

D'un grand arbre bois de pin avec sa tête accollée avec quatre petits, qui auront leur tête aussi. Ces arbres seront enfoncés de deux mètres de profondeur dans le sable, retenus à leur pied au moyen d'un cadre composé de quatre pièces de bois liées entr'elles au fond de la fouille et quatre autres pièces semblables établies à cinq décimètres sous la surface de la dune; les pieds de ces cadres auront chacun quatre mètres de longueur sur 18 à 20 centimètres de grosseur; ces cadres seront arrêtés par huit pilotis, ayant chacun 4 mètres de longueur sur la même grosseur que les bois des cadres.

On établira sur le cadre supérieur quatre jambes de force, ayant quatre mètres de longueur chacune, destinées à arc-bouter la balise et les quatre accolytes; tous ces bois seront liés entr'eux au moyen de tasseaux et gournables en chêne, pour éviter le vol des fers.

Chacune de ces balises, vu l'isolement du lieu et les difficultés des transports, coûtera la somme de 1,200 francs; pour les trois, dont deux à la Bonnance et une à Soulac, la somme de. . . . . .F. 3,600 »

Total général de la dépense pour la fixation des dunes et pour l'établissement des balises provisionnelles pour l'an 8me. . .F. 12,611 50

Pour la fixation de la place des balises à rétablir, il faudra ordonner aux pilotes de Royan d'aller, au nombre de trois, avec leurs chaloupes, d'abord dans la passe entre Chevrier et les Olives; deux de ces pilotes mouilleront, un aux accores du banc des Olives, le second aux accores du banc de Chevrier, et le troisième, dans la chaloupe duquel sera le capitaine de port de Royan, ira mouiller au milieu de la passe. Dès que ce capitaine

13

se sera assuré qu'il est sur la vraye route, il ordonnera au pilote de mouiller et de hisser son pavillon pour annoncer à terre qu'il est dans la direction convenable.

Le citoyen Bredif, élève-ingénieur des ponts et chaussées, que le Ministre de la marine a envoyé pour les travaux de Cordouan et ceux qui lui sont relatifs, fixera, au moyen de la chaloupe mouillée dans le milieu de la passe et le moulin du vieux Soulac, la place que la balise provision-nelle devra occuper au sommet de la dune, derrière ce moulin; il fera cette opération en présence du commissaire de la marine à Royan et d'un quatrième pilote, qu'ils auront emmené avec eux.

La même opération aura lieu pour la passe du Mattelier et pour celle du demi-banc, au nord de Cordouan. Les places fixées, le citoyen Brédif, auquel je remettrai les instructions et détails nécessaires, suivra l'exécution des ouvrages.

A l'égard des semis du bois de St-Palais, des dunes de la Bonnance et de celles de Soulac, j'ai emmené avec moy le citoyen Brédif. Je lui ay montré les dunes à fixer; je lui fais étudier les procédés du citoyen Bré-montier. Lorsque le Ministre aura donné des ordres, je lui fournirai les instructions nécessaires, afin que ces semis soyent faicts avec les précau-tions prescrites.

Le gouvernement a, dans tous les tems, senti la très grande importance du commerce de Bordeaux, puisqu'il s'est décidé à dépenser des sommes énormes pour assurer la navigation de l'entrée de la rivière.

Il a considéré que, si la tour de Cordouan est indispensable pour annoncer aux navigateurs les approches des dangers, les tours et balises sur les deux côtes ne le sont pas moins pour les diriger pendant le jour au milieu des écueils qui obstruent l'entrée de cette rivière.

La construction de sept grandes tours en bois, trois en pierre, l'exhaus-sement de deux clochers, l'achat d'un bois, d'une église et d'un moulin, et l'attention que le gouvernement a toujours eue de faire rétablir les tours en bois à mesure qu'elles étoient renversées par les vents ou par la mer, sont la preuve la plus convainquante qu'il n'a jamais considéré la dépense, mais bien les avantages qui devoient en résulter pour l'État, le commerce et l'humanité.

Aujourd'huy que le citoyen Brémontier a donné le moyen de fixer les dunes et d'avoir, par conséquent, des balises sûres, qui, au lieu d'occasionner de la dépense, donneront, au contraire, du profit, le Ministre de la marine doit être instamment prié de profiter de cette découverte, en affectant pour l'an 8me la modique somme de 8,475 francs, nécessaire au présent état pour le commencement de ce précieux travail.

Si le Ministre veut bien considérer que les gardiens des semis, qui seront établis, un à Soulac et l'autre à la pointe de la Coubre, pourront chausser et entretenir en même tems les balises, il verra que, dès l'année prochaine, il aura économisé au moins 3,600 francs, que la reconstruction des balises nécessitera si on ne fait pas les semis. Il verra encore que, dès la seconde année, la verdure, sur les diverses dunes, sera déjà assés forte pour fixer les pilotes sur les routes à tenir, et, enfin, que ces balises, qui ont absorbé des sommes considérables jusques à ce jour, n'auront plus besoin d'être relevées, puisque les bois qui résulteront de ces semis, étant percés par des allées dans des directions convenables, en tiendront lieu d'une manière plus sûre.

Art. 14.

La ci-devant chapelle du Verdon et les logements attenants servent depuis le commencement de la Révolution au logement des troupes et à l'officier de la marine chargé de l'inspection des signaux. Cette maison est dans le plus mauvais état possible; il convient de réclamer du Ministre de la guerre de faire rétablir les parties dégradées par la troupe, telles que les porte, contrevents, croisées et ferrures; la marine réparera ensuite la partie occupée par l'officier chargé de l'inspection des signaux.

Art. 15.

La pointe de Grave a été rongée depuis deux mois d'*environ deux encablures*. Ce dégât a englouti la batterie; la cazerne a été renversée et le sol creusé d'un mètre de profondeur du côté de la mer; le reste ne peut pas résister au premier coup de mer qui suivra. Une grande partie derrière cette batterie est très plate, et à la suite des petites dunes qui bordent cette pointe il se trouve une coupure ou bas-fond qui peut donner passage à l'eau des fortes marées. D'après cet exposé, il est difficile de dire où l'on pourra placer la nouvelle batterie pour être utile et en sûreté.

Comme la pointe de Grave se ronge sans cesse, la rade foraine de Royan devient presqu'impraticable ; celle du Verdon est également presque perdue. Les pilotes estiment qu'avant deux années, il sera impossible d'y tenir un seul navire dans le mauvais tems. Il faudra donc alors établir la rade entre *Richard* et le banc du bec *de Jau.*

Cette rade présentera un abri sûr et commode ; mais il sera indispensable de construire un môle sur ce banc, afin de procurer aux marins les moyens d'aller à terre faire leurs provisions.

Les maisons sont très éloignées de cette rade. Mais si on se décide à y faire les travaux d'art indispensables, point de doute que les particuliers iront s'y fixer pour subvenir aux besoins des bâtiments ; ce qui se fera d'une manière plus commode qu'on ne l'a fait jusques à ce jour pour la rade du Verdon, car tout devoit être pris à Royan, lieu où le débarquement est des plus difficiles.

L'éloignement de cette rade de l'embouchure de la rivière, qui est d'environ 4 lieues, ne doit pas être un obstacle à son établissement, car les pilotes m'ont affirmé que cette distance n'apporteroit aucun changement pour l'entrée ou pour la sortie des bâtiments. Le fond de cette rade, qui a une lieue de longueur, est bon partout : on trouve sept brasses d'eau en dehors et six en dedans jusques à Richard.

Il reste à considérer un objet bien essentiel : c'est le poste des pilotes. Point de doute que, la rade faite, les pilotes de Royan et de S¹-Georges-de-Didonne iront s'y établir, si on ne leur procure pas un azile sûr et commode à Royan, ce qui seroit un malheur, car, rentrés de 4 lieues dans la rivière, il leur seroit impossible d'aller à la mer avec des vents depuis le nord jusques au nord-ouest. Les bâtiments en danger seroient donc privés de secours. Pour éviter ce malheur, il faudra fixer le nombre de pilotes nécessaires à Royan et leur faire un abri ; ils concourront aux avantages de la rade avec ceux des pilotes qui y seront fixés. Par ce moyen, les bâtiments seront secourus au besoin et les avantages des pilotes seront les mêmes. La rade de Royan est la seule où il soit possible de les établir ; l'anse de Royan est assez étendue pour y courir des bordées ;

il suffira que le môle à construire soit assez prolongé pour tenir constamment trois ou quatre chaloupes à flot. Il convient donc d'engager le Ministre de la marine à prendre tous ces objets en grande considération.

Dans la tournée que j'ai faite avec le citoyen Brédif, il me fut impossible d'aborder la tour. Le jour que la mer me parut la plus belle, fut celui où, avec le petit bâteau de pêcheur, vous ne pûtes pas doubler la pointe de Grave. Je ne puis donc pas dire pour le moment quelle est la dépense indispensable à faire cette année à la tour de Cordouan. Le citoyen Brédif part aujourd'hui, muni de mes instructions. Dès qu'il m'aura rendu compte, je fournirai cet état, que le Ministre doit pressentir d'après les demandes qui lui ont été faites.

Comme le Ministre n'a nulle idée des objets traités dans le présent mémoire, il est nécessaire de le lui envoyer le plus tôt possible, afin qu'il puisse prendre un parti à cet égard. On peut lui observer avec vérité que les balises provisionnelles de la pointe de la Coubre étant détruites, les bâtiments sont exposés, à tout instant, à faire naufrage dans cette partie, soit qu'ils ayent un pilote à bord, soit qu'ils n'en ayent pas, car, sans balise, point de navigation sûre. Les pilotes peuvent bien entrer par la passe de Grave, au moyen de la vieille église, du moulin et de la balise provisionnelle; mais, la balise des signaux étant détruite, un capitaine, forcé d'entrer pendant le mauvais tems ou parce qu'il est poursuivi par l'ennemi, peut très bien se perdre.

Il est donc de la première urgence de rétablir ces balises et, pour éviter cette dépense dans la suite, de s'occuper en même tems de la fixation des dunes, qui doivent en tenir lieu.

Rochefort, le 22 ventôse an 8me.

TEULÈRE.

LETTRE du Commissaire principal de la marine à Bordeaux
à l'ingénieur Teulère.

(Pièce n° 44. original sur fort papier.)

LIBERTÉ ———— ÉGALITÉ

Bordeaux, 25 ventôse, an 8ᵉ de la République française.

Lettre du citoyen Commissaire principal de la marine à Bordeaux au citoyen Teulère,
ingénieur en chef des bâtiments civils à Rochefort.

J'ai trouvé, citoyen, annexé à votre lettre du 2 de ce mois, qui a été remise chez moi par un inconnu, un devis estimatif de réparations à continuer au mur d'enceinte de la tour de Cordouan pendant les deux équinoxes où nous allons entrer. Les plans, par duplicata, étoient également joints à ce devis estimatif. Il résulte donc, citoyen, que, pour consolider cette réparation, il est nécessaire de reprendre 11 mètres de maçonnerie dans la longueur de ce mur, et vous me proposés d'adresser ce devis au Ministre, après l'avoir fait soumissionner par le citoyen Burguet.

Vous me permettrés de vous observer que cette forme de soumission n'est pas légale, et que, la loi prescrivant des adjudications publiques, il eût été nécessaire d'y appeler des concurrents, en ayant soin de les prendre dans les hommes de l'art. Mais j'ai jugé que ce mode n'étoit pas nécessaire, et que le citoyen Burguet, ayant soumissionné l'année dernière pour 35 mètres, et la saison ne lui ayant permis que d'en construire 24, il étoit toujours adjudicataire des 11 mètres à exécuter.

Cet entrepreneur est convenu du fait et y a donné sa sanction.

J'adresse, en conséquence, par le courrier prochain, au Ministre, la situation du citoyen Burguet, qui prouve qu'il lui est encore dû de ses travaux de l'an 7ᵐᵉ une somme de 24,000 francs; qu'il est d'autant plus instant d'acquitter une dette aussi sacrée, que cet entrepreneur, endetté de toutes parts, ne peut se livrer à l'exécution de 11 mètres de maçonnerie, qu'on doit achever en l'an 8ᵐᵉ, qu'après en être payé. J'invite le Ministre par tous les moyens péremptoires à venir au secours de ce fidèle entrepreneur, et je lui mets sous les yeux l'urgence d'une pareille réparation, de laquelle dépend la conservation de la tour.

Quant aux approvisionnemens que vous demandés par le dernier paragraphe de votre lettre, je ne partage pas votre opinion à ce sujet, parce que ce n'est pas dans une circonstance où règne une pénurie d'espèces qu'il faut s'occuper de l'avenir : on est trop heureux quand on peut obtenir l'urgence des besoins. Le Génie travaille en grand, et l'Administration, toujours gênée par la situation pénible de la caisse, ne cherche que les moyens de diminuer les dépenses, quoiqu'ils veuillent tous deux le bien de la chose. — Il y a à Cordouan des pierres pour les deux tiers des 11 mètres de maçonnerie, et le citoyen Burguet n'aura qu'un tiers à s'approvisionner. Ainsi, voilà une ressource pour commencer, dès la belle saison, l'ouvrage, pendant qu'on fera venir le complément des pierres.

Je vous préviens avec plaisir que le gouvernement s'occupe de rétablir le droit de 20 centimes par tonneau sur tous les navires entrant à Bordeaux; ainsi, cet arrêté mettra la marine à même de s'occuper essentiellement des réparations de cette tour.

Comme ce n'est qu'un projet, sur lequel j'ai été consulté et que j'ai fortement appuyé, je vous prie de ne pas le publier; mais j'ai cru devoir vous en entretenir pour l'intérêt que je sais que vous portés à tout ce qui concerne Cordouan, qui est votre ouvrage.

Aug^{te} BERGEVIN.

LETTRE du Ministre de la marine et des colonies à l'ingénieur Teulère.

(Pièce n° 45, original sur fort papier.)

1re division. — Bureau des travaux maritimes.

LIBERTÉ   ÉGALITÉ

Paris, le 29 germinal, an 8e de la République française, une et indivisible.

Lettre du Ministre de la marine et des colonies au citoyen Teulère, directeur des travaux maritimes à Rochefort.

J'ai vu, citoyen, par votre lettre du 3 ventôse dernier que, dans la vue d'arrêter les comptes des travaux exécutés à la tour de Cordouan pendant la campagne dernière, de dédommager l'entrepreneur des pertes qu'il prétend avoir éprouvées par l'effet des rabais portés par lui sur l'adjudication du 2 messidor, et enfin de donner aux travaux à faire par continuation toute l'activité dont ils sont susceptibles; vous proposez :

1° De régler les ouvrages faits, non sur le prix de l'adjudication au rabais, mais sur ceux d'un tarif qui a pour base la dépense effective;

2° D'admettre la soumission du même entrepreneur pour l'exécution des ouvrages de l'an 8ᵐᵉ au prix d'un nouveau bordereau.

Ces deux propositions ne m'ont pas semblé devoir être également accueillies. En effet, il n'entre point dans les principes d'une bonne administration d'annuler les conditions d'une adjudication postérieurement à l'exécution des ouvrages et de compter de clerc à maître sur des états produits par un entrepreneur.

Les ouvrages faits pendant la campagne dernière doivent donc être réglés conformément au rabais qui a eu lieu, et c'est ce dernier acte qui doit servir à former l'état vrai de la situation du citoyen Burguet envers le gouvernement.

A l'égard des ouvrages à exécuter cette année en continuation de ceux de l'année dernière, vous avez omis de me faire connoître s'ils font partie de l'adjudication du 2 messidor. Dans ce cas, s'il résultoit, ainsi que vous le pensez, un déficit trop considérable pour l'entrepreneur, il seroit juste de lui accorder la résiliation de son adjudication, sans cependant donner à cet acte un effet rétroactif. Il conviendroit alors de faire une nouvelle adjudication, tant des ouvrages nécessaires pour compléter la première que de ceux résultant des nouvelles avaries survenues; et elle seroit basée sur le bordereau de prix dont vous m'annoncez avoir fait l'envoi au Commissaire principal de marine à Bordeaux.

Telles sont mes intentions relativement aux formes à observer, tant pour la liquidation des sommes dues au citoyen Burguet, que pour la passation d'une nouvelle adjudication, dans le cas où le Commissaire principal de Bordeaux penseroit, ainsi que vous, que celle au rabais souscrite par cet entrepreneur dût être résiliée.

J'en préviens cet administrateur et je lui recommande de se concerter à cet égard avec vous pour les objets qui peuvent vous concerner.

FORFAIT.

Et au dos :

Ministère de la marine et des colonies
Au citoyen Teulère, directeur des travaux maritimes à Rochefort.

**LETTRE de l'ingénieur Teulère au Commissaire principal
de la marine à Bordeaux.**

(Pièce n° 40, minute originale sur fort papier.)

Rochefort, le 20 prairial, an 8ᵉ de la République française.

*L'Ingénieur en chef des ponts et chaussées, directeur des travaux maritimes à Rochefort,
au citoyen Commissaire principal de la marine à Bordeaux.*

Citoyen,

La recherche des causes des maladies de Rochefort m'a porté à visiter
tous les cloaques d'infection qui nous entourent pour les indiquer au
sous-préfet. Le résultat de mon travail a été que la fièvre m'a pris, et je
n'ay pu ny terminer les renseignements que je voulois donner à cet égard
ny m'occuper jusques au moment du travail à faire à Cordouan. La fièvre
m'ayant laissé avant-hier, je m'en suis occupé de suite, et si j'avois su quelle
est la somme qui est attachée aux travaux de cette tour, je m'y serois
conformé. Mais je présume ne pas trop m'éloigner de la vérité en portant
18,137 fr. 74, indépendamment des 4,137 fr. d'approvisionnements faits.

Dans l'établissement des balises provisionnelles, j'ay cru *caver* au plus
fort. Si, malgré cela, vous ne trouvez pas d'entrepreneur qui voulût s'en
charger, il seroit bon d'autoriser le citoyen Gibouin à acheter les arbres
et à les faire rendre à pied d'œuvre ; je lui enverrai le citoyen Bredif avec
le plan pour diriger le travail et les faire établir. Le citoyen Gibouin
pourroit encore passer les conventions verbales avec les bouviers, les
charpentiers de campagne et les manœuvres.

Je vous avoue qu'il me tarde bien de pouvoir faire des semis en bois de
pin et de genêt, pour supprimer les dépenses que les balises provisionnelles
occasionnent.

Je vous prie d'engager le citoyen Gibouin à faire travailler sur-le-champ
à l'amélioration du bois de Saint-Palais. Le sous-officier des employés de
la douane, au coin de ce bois, s'en chargera avec plaisir. Il est question
de l'autoriser à acheter de la graine de pin et de genêt et des fagots
d'ajoncs pour la palissade, et à lui dire de défricher un peu ce terrain
pour en ôter la mousse, afin que la graine ne soit pas étouffée sous cette
mousse.   Salut et respect.   TEULÈRE.

14

État des ouvrages les plus pressants à faire à la tour de Cordouan
pendant le courant de l'an VIII.

Suivant la visite que le citoyen Brédif, élève ingénieur des ponts et chaussées, a faite, par mon ordre, à cette tour le 24 floréal dernier, il n'y a point de brèche ouverte au mur d'enceinte. La partie soufflée de ce mur, à la suite de celle refaite l'année dernière, n'a pas bougé ; mais dans la partie de l'ouest-sud-ouest il y a plusieurs pierres cassées, d'autres ébranlées ; les barres de fer qu'on y avoit mises prêtes à tomber, et l'ouverture des joints du parapet d'enceinte annoncent que toute cette partie a tassé et qu'il est à craindre qu'elle ne s'écroule à la première grosse mer. Pour éviter ce malheur, qui pourroit occasionner l'écroulement de tout le revêtement de ce mur d'enceinte, il sera refait dans cette partie de l'ouest-sud-ouest huit mètres de longueur de ce revêtement sur toute la hauteur du parapet et sur l'épaisseur expliquée au devis.

Savoir :

Affouillements dans la vieille maçonnerie :

Longueur.	8ᵐ »	
Hauteur.	8 32	
Épaisseur d'arrochement.	0 60	

39ᵐ936 à 24ᶠ »   958ᶠ 46

Maçonnerie neuve en remplissage :

Longueur.	8ᵐ »	
Hauteur.	8 32	
Épaisseur conforme au devis. . . .	0 40	

26ᵐ624 à 64ᶠ 13   1,707ᶠ 39

Parement en pierres de taille de Saint-Savinien :

Longueur.	8ᵐ »	
Hauteur.	8 32	
Épaisseur.	0 80	

53ᵐ248 à 185ᶠ 75   9,882ᶠ 82

A reporter. . . .F.   12,548ᶠ 67

Assise de recouvrement en pierres dures :

Longueur. . . . . 8ᵐ »
Largeur. . . . . 2 »
Épaisseur. 0 33

5ᵐ28   à 218ᶠ 23   1,152ᶠ 57

A l'ouest de ce mur d'enceinte, il se trouve plusieurs pierres cassées. Comme les fonds affectés pour cette campagne ne suffiront pas pour entreprendre de refaire cette brèche, on remplacera les pierres cassées et on garnira les joints avec du mortier et des étoupes frappées au maillet, en cramponant les pierres pour cette campagne.

Comme il y auroit beaucoup de tems perdu, si on ne s'occupoit que du mur d'enceinte, à l'instant de la haute mer les ouvriers s'occuperont au rejointoyement du corps de la tour et à changer les mauvaises pierres. Ce travail sera payé au prix du devis. Les approvisionnements faits et les matériaux de démolition qui pourront servir couvriront toutes ces dépenses.

Car les approvisionnements consistent à 37ᵐ26 de pierres tendres rendues à Royan à 59 fr. 40. . . . . F. 2,216 24
12ᵐ33 de pierres tendres rendues à la tour à 89 fr. 22. . . . . 1,100 08
5ᵐ28 de pierres dures du recouvrement, taillée et rendue, à 155 fr. 63. . . . . 820 72

F. 4,137 04

indépendamment de la valeur des matériaux de démolition, qui pourront être employés aux nouveaux ouvrages.

Les ouvrages accessoires ou le mauvais tems ont occasionné l'année dernière une dépense de 5,177 fr. 13. Cette année, malgré le mauvais état de la passe, j'espère que la

108

	Report. . . .F.	13,701	24

somme de 4,137 fr. 04, mentionnée ci-dessus, suffira pour
ces objets.

Réparations de la couverture du clocher de Royan (20 mètres carrés de surface, à 5 francs). . . . . F. 100 »

Clocher de Sᵗ-Palais, suivant l'état du 22 ventôse an VIII. 316 50

Bois de Sᵗ-Palais, suivant le même état. . . . . 300 »

Pour chausser la balise de Soulac, sur le bord de la mer,
suivant l'état du 22 ventôse. . . . . 120 »

La reconstruction des trois balises provisionnelles de la
côte, dont deux de la Bonnance et une sur la dune, derrière
le moulin de Soulac, conformément à l'état du 22 ventôse
an VIII, à 1,200 francs chacune. . . . . 3,600 »

Total de la dépense à faire pour l'an VIII. . . . . F. 18,137 74

Rochefort, le 20 prairial an VIII.

TEULÈRE.

———◆———

**LETTRE du Commissaire principal de la marine à Bordeaux
à l'ingénieur Teulère.**

(Pièce nᵒ 46, original sur fort papier.)

Bordeaux, 27 prairial, l'an 8ᵉ de la République française,
une et indivisible.

*Lettre du Commissaire principal de la marine à Bordeaux au citoyen Teulère, ingé-
nieur en chef des ponts et chaussées, directeur des travaux maritimes à Rochefort.*

J'ai reçu, citoyen, votre lettre du 20 de ce mois, à laquelle étoit joint
l'état des ouvrages les plus urgents à faire à la tour de Cordouan pendant
le courant de la présente année, et j'y réponds en vous prévenant que je
ne puis, en ce moment, donner aucun ordre au citoyen Gibouin de faire
des achats à ce, étant absolument sans fonds.

J'avois un crédit de 2,000 francs pour le service de Cordouan; mais
j'ai été forcé de l'employer à faire achat d'huile pour l'entretien du phare.
Je ne cesse de demander des fonds; mais il n'en arrive pas. Dès que j'en

aurai à ma disposition pour les ouvrages dont vous m'entretenez, je
m'empresserai de les y appliquer.

Aug^{te} BERGEVIN.

LETTRE de l'entrepreneur Burguet au Ministre de la marine et des colonies.

(Pièce n° 47, original sur fort papier.)

Phare de Cordouan.

Bordeaux, 27 messidor, an 8e de la République française.

*Lettre du citoyen Burguet, entrepreneur, au citoyen Ministre de la marine
et des colonies.*

Citoyen Ministre,

Le Commissaire principal en ce port vient de me faire connoître, il y
a quelques jours, la disposition de fonds que vous avez faite pour les
travaux à exécuter à Cordouan en l'an 8me; il m'a sollicité, d'après ma
soumission, de m'en occuper de suite.

Ainsi qu'il le pensoit d'avance et que vous en êtes aussi sûrement très
instruit, citoyen Ministre, je lui ai représenté que le moment étoit tardif,
la campagne trop avancée, et que ce seroit se jeter dans des dépenses
premières très considérables sans aucun fruit pour la chose et presqu'en
pure perte. Cet administrateur s'est résumé à vous en référer en même
tems qu'à en instruire l'ingénieur chargé de ces ouvrages.

Cette circonstance me porte à vous remettre sous les yeux mes vives
sollicitations du 13 prairial, qui vous réitéroient celles des 21 nivôse,
3 germinal et 3 floréal précédens, relatives au payement des 21,000 fr.
qui me restent dus sur les travaux par moi exécutés à cette tour en
l'an 7mo.

Je viens vous supplier, citoyen Ministre, vu l'impossibilité de l'emploi
des fonds susdits, d'en faire l'application au payement d'une portion des
travaux exécutés et spécialement des approvisionnemens restans à Royan
et à la tour.

En considération de ma situation affligeante, qui l'est devenue encore
plus depuis le 13 prairial, de ce que les travaux exécutés devoient être
payés, fur à mesure, que je suis harcelé par mes créanciers. En considé-

ration du non-payement des 62,000 francs qui me sont dus sur le surhaussement de la même tour de 1788 et 1789, et d'autres avances faites depuis au Gouvernement, ce qui cause ma détresse actuelle, veuillez, de grâce, citoyen Ministre, m'accorder un regard d'intérêt et de justice, autoriser l'ingénieur du port de Rochefort à rétablir le toisé des ouvrages, an 7ᵐᵉ, pour en rejeter partie sur l'an 8ᵐᵉ, et le commissaire principal à Bordeaux à me faire payer sur les fonds susdits la partie dudit règlement qui sera portée sur l'an 8ᵐᵉ.

Salut et respect.   BURGUET.

LETTRE du Commissaire principal de la marine à Bordeaux à l'ingénieur Teulère.

(Pièce n° 48, original sur fort papier.)

LIBERTÉ   ÉGALITÉ

Bordeaux, le 5 thermidor, an 8ᵉ de la République française, une et indivisible.

Lettre du Commissaire principal de la marine à Bordeaux au citoyen Teulère, ingénieur en chef de la marine à Rochefort.

Au moment où je me proposois, citoyen, de vous adresser en communication une pétition du citoyen Burguet et connaissant l'intérêt que vous prenés à cet entrepreneur, qui vous est subordonné depuis bien des années, j'ai reçu votre lettre du 30 du mois dernier, par laquelle il apert que vous avés mal saisi l'esprit de sa pétition. Il demande que le toisé de l'an 7ᵐᵉ, dont je joins ici copie, soit refait; mais il ne demande aucune augmentation, parce qu'il sait très bien que vous n'avés pas les moyens de la lui accorder, quelque perte qu'il puisse éprouver. Voici de quoi il est question :

N'ayant reçu aucune réponse du Ministre à toutes les lettres que j'ai écrites en faveur de Burguet et voyant l'état malheureux où il se trouve, je lui ai dit de rédiger une pétition par laquelle il solliciteroit l'agrément du Ministre pour que vous puissiez refaire ce toisé et rejetter une partie de cette dépense sur l'an 8ᵐᵉ, parce qu'ayant environ 8,000 francs de

disponible pour les travaux hydrauliques de l'an 8ᵐᵉ, je pourrai toujours
lui payer cette somme, ce qui diminueroit d'autant la dette de la République de 24,000 francs envers lui. Il m'a remis cette pétition que je
joins ici, et je n'ai pas cru devoir l'adresser au Ministre, parce que j'ai
présumé que je ne recevrois pas plus d'autres réponses qu'aux autres
lettres et que la situation du citoyen Burguet ne changeroit en rien.

Ce toisé consiste en une somme de 35,186 fr. 13, dont 26,138 fr. 53
pour divers ouvrages et 9,047 fr. 60 pour diverses dépenses et approvisionnemens. Il est donc possible de former deux ou quatre états séparés
pour cette somme de 35,186 fr. 13, l'une représentant 26,138 fr. 53 sur
l'an 7ᵐᵉ, et les trois autres une somme de 9,047 fr. 60 sur l'an 8ᵐᵉ. Par
ce moyen, le premier état de 35,186 fr. 13 se trouvera annulé, et je
pourrai faire payer à Burguet, sur l'an 8ᵐⁱᵉ, 9,047 fr. 60.

Je présume bien que vous serés de mon avis, puisque la saison est trop
avancée pour rien entreprendre à Cordouan, qui, d'après les rapports qui
m'ont été faits, n'a rien à craindre de l'hyver prochain.

Pour accélérer la confection et la forme à établir à ce nouveau toisé,
vous pourrés adresser tous ces états au citoyen Gibouin, pour qu'il y
mette sa signature et qu'il me les adresse incessamment.

Quant à la somme de 4,000 francs, pour augmentation d'outils et
d'équipage, que vous me proposés de lui allouer dans votre lettre du
30 du mois dernier, je ne partage pas votre avis et je n'y adhère
nullement.

Le Ministre ne m'a fait aucune réponse sur les lettres que je lui ai
écrites et auxquelles étoit joint votre procès-verbal des ouvrages à
exécuter en l'an 8ᵐᵉ à la tour. L'année est trop avancée pour s'en
occuper maintenant; mais il conviendra que, dès vendémiaire prochain,
vous fassiés passer un nouveau procès-verbal ou, si vous voulez, le même,
et je réclamerai avec force des fonds pour entamer ces ouvrages dès le
mois de germinal. Tel est mon avis, que je soumets à votre lumineuse
expérience.

Salut et considération.   Aᴜɢ. BERGEVIN.

ÉTAT par exercice de la dépense à faire pour le môle de Royan.

(Pièce nº 50, minute sur fort papier en entier de la main de l'ingénieur Teulère.)

Rochefort, 4 prairial, an 10 de la République française.

1re ANNÉE.

52ᵐ 83 pour entailles ou affouillements à faire dans le rocher, à 4 fr. 38 . . . . F. 231 39

78ᵐ 90 de gravier, pierre ou vase, à draguer sur le rocher, à 2 fr. 43 . . . . 191 73

36 marches en pierre dure pour le premier escalier, à 12 fr. 39 . . . . 452 04

1,045ᵐ 99 mètres cubes de maçonnerie en moellon, à 14 fr. 25 . . . . 14,905 36

196ᵐ 56 mètres cubes pierres de taille de la côte pour parements du môle, à 40 fr. 62 . . . . 7,984 27

421ᵐ 64 mètres cubes pierre de taille de St-Savinien, à 84 fr. 51 . . . . 35,632 80

16ᵐ 49 pierre de taille de la côte pour le masque, à 21 fr. 05 . . . . 347 11

Somme à valoir pour accidents et cas imprévus 1,255 30

Total de la dépense à faire la 1re année . . . . F. 61,000 »

2me ANNÉE.

131ᵐ 55 dragage des pierres et préparation du sol, à 2 fr. 43 . . . . F. 319 67

1,425ᵐ 86 mètres cubes de maçonnerie, à 14 fr. 25 . . . . 20,318 50

244 mètres cubes pierre de taille de la côte, à 40 fr. 62 . . 9,098 88

369ᵐ 46 mètres cubes pierre de St-Savinien, à 84 fr. 51 . . 31,223 06

17ᵐ 80 masque de la 2e année, à 21 fr. 05 . . . . 374 69

Somme à valoir pour accidents et cas imprévus 1,665 20

Total de la dépense à faire la 2me année . . . . F. 63,000 »

3ᵐᵉ Année.

197ᵐ28 mètres cubes dragage des pierres et préparation
du sol, à 2 fr. 43. . . . . F.   479 40

1,292ᵐ10 mètres cubes de maçonnerie en moellon, à
14 fr. 25. . . . . 18,412 43

    223ᵐ31 mètres cubes pierres de la côte, à 40 fr. 62. . .   9,070 85

    289ᵐ73 mètres cubes pierres de Sᵗ-Savinien, à 84 fr. 51. 24,485 08

    46 marches en pierre dure, à 12 fr. 39. . . . .   569 94

TÊTE DE LA JETÉE

    11ᵐ66 mètr. cubes maçonnerie en moellon, à 14 fr. 25. . F.   593 65

    73ᵐ39 mètres cubes pierres de la côte, à double courbure,
à 44 fr. 75. . . . .   3,284 20

    12ᵐ40 mètres cubes pierres de Sᵗ-Savinien, à double cour-
bure, à 92 fr. 35. . . . .   945 14

Somme à valoir pour accidents et frais imprévus. 2,159 31

Total de la dépense à faire la 3ᵐᵉ année. . . . . F. 60,000 »

RÉCAPITULATION

Dépense de la 1ʳᵉ année. . . . . F.   61,000

    Id.   de la 2ᵐᵉ année.   63,000

    Id.   de la 3ᵐᵉ année.   60,000

Dépense totale du môle de Royan, conformément
au plan et profil ci-joints et conditions prescrites au
devis. . . . . F. 184,000

**PHARE de la tour de Cordouan. — Description de la construction
de la lanterne et de son mouvement.**

5 prairial, an 11.

*Tour de Cordouan. — Phare avec ses plaques réfléchissantes et feu tournant.
Détail de la construction et de son mouvement.*

LANTERNE

Le feu de Cordouan, pour éclairer les navigateurs, est placé dans une
lanterne vitrée qui a 10 pieds de diamètre sur 15 pieds de hauteur de

vitrage, formant un polygone de 12 côtés. Chaque vitre ou glace a 3 pieds de hauteur et son épaisseur est de 4 à 5 lignes.

Ces glaces sont placées dans des feuillures formées avec de petites bandes de fer fixées aux poteaux et traverses au moyen de deux ou trois petits gougeons de fer appelés prisonniers et les glaces retenues au moyen de quatre ou six goupilles en cuivre taillées à queue d'ironde, qui entrent dans les poteaux et traverses; le tout revêtu en bon mastic de vitrier.

Cette lanterne est couronnée par un entablement en fer revêtu en cuivre, dont le dessous du larmier est garni de douze petits tuyaux inclinés par le bout saillant pour faciliter l'entrée de l'air et la sortie de la fumée.

Sur cet entablement, on a établi une coupole en fer recouverte en cuivre, au sommet de laquelle on a laissé un socle extérieur, dont le revêtement laisse entre la coupole et lui un vide de 12 à 24 lignes au pourtour.

L'intérieur de ce socle est revêtu au centre de la lanterne et au sommet de la coupole par des feuilles de cuivre inclinées de 45 degrés et percées de 12 trous de deux à trois pouces de diamètre pour l'évaporation de la fumée; mais j'aimerois mieux la gueule de loup décrite dans le *Journal des Arts et Manufactures* pour remplir le même objet.

Le socle ci-dessus décrit est couronné par un piédouche surmonté d'une sphère, dans laquelle passe le tuyau du poêle destiné à chauffer l'intérieur de la lanterne pendant l'hiver; l'arbre principal de la coupole reçoit au-dessus de la sphère un cylindre de bois de gayac, lequel reçoit le conducteur du paratonnerre, et, pour isoler le conducteur de l'axe en fer ou arbre de la lanterne, on a percé le cylindre bois de gayac par les deux bouts, ayant l'attention que les deux trous laissassent entr'eux un intervalle de 3 à 4 pouces, et, pour opérer l'isolement parfait, on a placé du verre mastiqué sur le bout de l'axe en fer avant de placer le cylindre de bois de gayac.

AXE DES RÉVERBÈRES

Au centre de la lanterne on a établi un axe vertical en fer de deux pouces en quarré sur 16 pieds 6 pouces de hauteur, ayant par le bas un tenon d'un pouce en quarré sur 6 à 8 lignes de longueur. Ce tenon entre dans un sabot d'acier rond conique pointu et trempé le plus dur possible ; pour diminuer les frottements, on a plusieurs sabots de rechange. La pointe de ce sabot est reçue dans un crapaud, également d'acier trempé ; l'intérieur de cette crapaudine est creusé de manière à recevoir la pointe du sabot et à ne présenter à cette pointe que le moins de surface possible; on a également plusieurs crapaudines de rechange. Cette crapaudine, appelée chapelle, est reçue dans un enfoncement pratiqué dans le patin destiné à supporter l'axe des réverbères. Ce patin est à vis, afin de lever ou baisser l'axe des réverbères suivant le besoin. Ce patin est reçu par un bras horizontal, susceptible d'avancer ou de reculer au moyen d'une manivelle de cric ; mais je regarde ce moyen d'engrener et de désengrener le réverbère comme inutile ou plutôt comme nuisible par les secousses que cette opération donne à l'axe et aux réverbères.

L'axe des réverbères est reçu dans le haut entre trois roulettes, sur la circonférence desquelles il tourne et n'a, par conséquent, qu'un frottement de la seconde espèce. Un peu au-dessus du bas de l'axe, il y a une roue dentée destinée à engrener dans une lanterne à fuseaux, et sous cette roue on a placé un chapeau de cardinal pour empêcher qu'il ne tombe aucune ordure dans la chapelle.

Sur cet axe vertical on a fixé sur sa hauteur, et à 3 pieds de distance l'une de l'autre, quatre douilles de cuivre, dont le trou du centre est quarré et des dimensions de l'axe. Chacune de ces douilles a trois branches, formant entr'elles des angles de 120 degrés, sur lesquelles portent les queues des réverbères, qui entrent dans le massif de la douille jusques à l'axe en fer. Ces douilles sont fixées à l'axe à la hauteur prescrite au moyen d'une vis de pression.

Chacune de ces douilles a dans sa partie supérieure trois vis de pression, dont une pour chaque queue de réverbère, afin de les fixer dans la position horizontale et d'une manière inébranlable sur chacune des branches de la douille.

PLAQUES DES RÉVERBÈRES

Les plaques des réverbères sont au nombre de douze, disposées sur trois colonnes; elles ont chacune 30 pouces de diamètre sur 12 pouces de profondeur; elles sont creusées sur une courbe parabolique ayant son foyer à 4 pouces 9 lignes du sommet de la plaque.

La courbe de ces plaques n'a pas toute l'exactitude désirable; il seroit à souhaiter qu'elles fussent perfectionnées.

L'intensité de la lumière réfléchie par les miroirs est d'autant plus forte que la courbure de la plaque parabolique est plus exacte et que son poli est plus parfait. En conséquence de cette idée, voici les moyens que je crois les plus propres à remplir ce but : Il faut tracer la courbe d'abord sur un papier collé sur une table, ensuite sur une planche de tôle ou de cuivre bien plane, couper tout ce qui sera en dehors de la courbe, vérifier sur le plan si l'ouvrier a été exact dans son travail.

Le gabarit étant fait, on prend une planche de cuivre jaune d'une épaisseur convenable; on la donne à un chaudronnier pour la frapper, et lorsque cet ouvrier a donné à la plaque la forme exigée par le gabarit, autant qu'il est possible d'en approcher, on a un tableau de bois d'environ deux pieds de hauteur, dont le diamètre excède celui de la plaque d'un pouce ou deux. Ce tableau doit être creusé sur la forme de la plaque de manière à l'emboîter parfaitement, et pour éviter qu'elle ne se déforme on remplira avec du plâtre gâché tous les vides qui pourront se trouver entre la plaque et le tableau.

Cette disposition faite, les bords de la plaque étant bien horizontaux, on aura une frèze d'acier trempé, taillée en biseau, coupée, limée et aiguisée, exactement sur la courbe tracée; on aura soin de laisser une petite pointe saillante, correspondant au sommet de la courbe, afin d'éviter le déplacement de l'outil. Si on trouvoit trop de difficultés à rendre parfaitement semblables et d'une courbure exacte les deux côtés de la frèze ou outil, on pourroit n'en perfectionner qu'un côté et abattre le biseau du second.

Cet outil étant fait, on le placera dans un massif de bois d'ormeau formant une calotte taillée sur la courbe. On soudera sur le prolongement de l'axe de la frèze une barre de fer de 15 lignes en quarré, qui montera verticalement jusques au plancher ou jusques au-dessus d'un chevron horizontal qu'on aura placé à une hauteur convenable, et dans lequel la barre pourra tourner, étant à cet effet arrondie par le bout.

Cette barre sera traversée par un levier de 10 à 12 pieds de longueur, placé horizontalement et élevé au-dessus du sol de manière que deux ou quatre hommes ayent le moyen de tourner avec lui avec aisance autour du tableau; par ce moyen, on obtiendra une courbe exacte, que le tour en l'air ne peut pas donner.

Lorsque la frèze d'acier aura, par ses révolutions multipliées, rendu la courbe aussi parfaite qu'il sera possible de l'obtenir, on emploiera la pierre ponce pour effacer les traits de roulis.

L'argent appliqué en feuille ou l'argenture ne m'a pas paru produire dans ces plaques tout l'effet qu'on est en droit d'en attendre. J'ai voulu y remédier en employant l'argent dissous dans le mercure, suivant le procédé de Réaumur; mais je n'ai pas réussi.

L'or dissous dans le mercure réussissant parfaitement, je voudrois que l'intérieur des plaques fût doré à l'or moulu et passé au brunissoir jusques à obtenir le poli le plus parfait. L'un ou l'autre de ces moyens est sujet à perdre son brillant et à des frais d'entretien que j'ai cherché à éviter.

J'ai fait faire de petites plaques pour essai avec la composition des miroirs de thélescope; mais leur fragilité m'a forcé d'y renoncer. Je fais faire l'essai d'un alliage entre celui des canons de bronze et celui du métal des cloches, me proposant de fondre le cuivre avec de l'arsenic pour le blanchir. Si, comme on le prétend, le cuivre fondu avec de l'arsenic et refondu ensuite plusieurs fois reprend sa durcibilité sans reprendre sa rougeur, j'espère qu'en y mêlant de la taing en suffisante quantité, j'obtiendrai des plaques blanches à pôles trés serrés et d'un bon poli. Si cela réussit, on pourra supprimer la dépense de l'argenture, puisqu'il suffira de frotter les plaques tous les jours avec un peu de tripoli pour conserver le poli le plus parfait.

Comme dans les plaques coulées que je me propose de faire faire, j'ignore quelle altération dans la courbe le retrait de la matière pourra occasionner, je me réserve de rechercher le foyer après que les plaques seront fondues et avant de faire faire la frèze que j'ai décrite.

Il suffit que les plaques en cuivre battu ayent de 4 à 5 lignes d'épaisseur au sommet de la courbe et puissent être réduites à une ligne d'épaisseur sur les bords.

Les plaques en cuivre fondu doivent avoir une épaisseur plus considérable sur les bords, et j'ignore jusques à quel point on peut réduire cette épaisseur après qu'elles sont fondues. Ce sont des essais à faire; car il est essentiel de diminuer le poids de ces plaques le plus possible, à cause des frottements du bout de l'axe vertical sur sa crapaudine.

Que ces plaques soyent battues ou fondues, elles doivent être percées pour le passage du tube et pour celui de la cheminée de verre, dont nous parlerons ci-après.

Les plaques terminées seront armées chacune d'une queue de 13 à 14 pouces de longueur, sur de 14 à 15 lignes en quarré, ayant quatre branches soudées sur les angles du quarré de la queue pour embrasser diagonalement le cul des plaques. Ces branches auront chacune de 5 à 6 pouces de longueur et seront fixées avec des clous à vis dont la tête sera polie et arrasée dans l'intérieur de la plaque et serrée contre la branche de la queue, au moyen d'un écrou, en dehors de la plaque.

Cette plaque ainsi saisie dans le prolongement de son axe, la queue de cette plaque portera sur une branche de la douille et ira, en traversant cette douille, jusques à l'axe vertical, soit que la queue réponde à une face ou à un des angles de l'axe.

La plaque établie, on déterminera le degré d'inclinaison que l'axe de la plaque doit avoir, relativement à sa hauteur, au-dessus de la surface de la mer, pour être tengente à l'horizon; cette direction étant déterminée, on se servira d'une vis de pression, qui se trouve sur la partie de la douille qui correspond à chaque queue, pour la fixer d'une manière invariable.

Si les plaques ne sont pas toutes d'un poids égal, il conviendra, pour l'uniformité du mouvement, de les réduire toutes au même moment d'énergie; ce qui se fera en prenant la plus pesante armée de sa queue, la mettant en équilibre sur un coin aigu, au moyen de poids ajoutés à l'autre extrémité de la queue. On cherchera le centre de gravité de cette plaque et sa distance à l'axe vertical; on fera la même opération pour chacune des plaques, afin de pouvoir déterminer la longueur de la queue relativement au poids de chacune, afin que le moteur du mouvement ne soit pas plus fatigué dans un instant que dans l'autre.

Les plaques ainsi établies, on mettra le plus près possible de l'axe vertical, sans néanmoins nuire au placement de la lampe, une tige en fer embrassant la queue du réverbère et plongeant verticalement jusques au-dessous de la plaque ou d'environ 15 pouces au-dessous de la queue.

Les branches du haut de cette tige auront chacune une vis destinée à recevoir une traverse de fer percée à cet effet, sur laquelle on mettra deux écrous pour serrer cette traverse sur la queue, de manière que la tige soit invariablement fixée à la position qu'on lui aura assignée.

Le corps de cette tige, au-dessous de la queue du réverbère, aura un pouce de grosseur, formant un prisme octogone de 6 lignes de noyau.

Le bas de cette tige formera un cilindre de 8 lignes de diamètre sur environ six pouces de longueur. Ce cilindre, sans être tourné, sera promptement limé, de manière que la partie octogone de la tige forme une saillie bien prononcée sur le cilindre, pour servir d'arrêt à la douille qui doit supporter la lampe.

La douille aura trois lignes d'épaisseur et sera forgée sur un mandrin de 8 lignes de diamètre, de manière à ce qu'elle puisse glisser librement le long du cilindre de la tige. Cette douille sera soudée verticalement sur une espèce de fer à cheval en fer, de 13 à 14 lignes de largeur sur 4 à 5 lignes d'épaisseur, dont les branches seront écartées entr'elles autant que le conduit horizontal du bas de la lampe pourra le permettre.

Le bout des branches de ce fer à cheval seront percés chacun de deux trous pour recevoir et serrer par des écrous les deux bouts de deux étriers en fer, qui embrasseront et fixeront solidement le conduit du bas de la lampe aux branches du fer à cheval et, par conséquent, à la douille.

La douille du fer à cheval, armée de sa lampe, pourra monter et descendre le long de la partie cilindrique de la tige fixée à la queue du réverbère. On pourra donc, par ce moyen, établir la lumière de la lampe au foyer de la plaque en serrant une vis de pression établie sur la douille contre la partie cilindrique de la tige. Cette position étant fixée, on donne un coup de levier à la tige sous le fer à cheval, afin que les gardiens ayent un repère pour placer les lampes à la même hauteur.

LAMPES

Les lampes sont composées d'un vase ou récipient cilindrique de 5 pouces 8 lignes de diamètre sur 7 pouces 6 lignes de hauteur. Ce récipient, appelé pompe, a une soupape par le bas, dont l'ouverture n'a qu'un pouce de diamètre.

Ce récipient est reçu dans un cilindre de fer blanc de 6 pouces de diamètre, au centre duquel on a soudé une branche de fil de fer soudée verticalement pour soulever la soupape du récipient.

Au fond de ce cilindre et dans son milieu, on a soudé un tuyau, plongeant verticalement, de 19 pouces de longueur sur 15 lignes de diamètre. Au bas de ce tuyau on y a soudé un conduit pour l'huile, qui a 12 pouces 3 lignes de longueur sur 3 pouces 9 lignes de hauteur et de 7 à 8 lignes d'épaisseur. Les étriers du fer à cheval embrassent et fixent ce conduit à la douille, et celle-ci, au moyen de la vis de pression, fixe la lampe à la queue du réverbère.

Sur ce conduit, et à 13 lignes de distance du cilindre qui reçoit le récipient ou pompe, on y a soudé un tuyau vertical de 9 lignes de diamètre montant jusques au haut du cilindre, auquel il est encore fixé au moyen d'un anneau de ferblanc de 13 lignes de longueur sur 9 lignes de diamètre.

Ce tuyau est destiné à recevoir la tige de fer qui fait monter et baisser la mèche au moyen d'un écrou placé à son extrémité supérieure.

A l'autre bout du conduit horizontal du bas de la lampe, on a soudé le tube de la lampe qui doit porter la lumière dans la plaque; ce tube a 14 pouces 6 lignes de hauteur, deux pouces huit lignes de diamètre extérieur et deux pouces 2 lignes de diamètre intérieur.

Les tubes actuels de Cordouan sont en cuivre mince, qui se brûle au point qu'on est obligé de les changer tous les ans; on peut remédier à cet inconvénient en mettant des viroles de cuivre assez fortes au haut de ces tubes, qui, alors, pourront être faits en fer blanc sans craindre leur calcination.

La course du porte-mèche, bornée à la hauteur du conduit du bas, ne peut s'élever que de 3 pouces au plus et ne brûler qu'environ deux pouces de mèche, ce qui occasionne un grand déchet dans cette partie. Pour remédier à cet inconvénient, je voudrois que la crémaillère fût placée dans la plaque, devant le tube de la lampe, au lieu d'être placée derrière la plaque, et je voudrois encore qu'on plaçât une vis au lieu d'une crémaillère, afin qu'il n'y eût que le porte-mèche qui montât dans le tube, sans barre de fer devant la lumière.

Par ce moyen, on pourroit avoir des mèches très longues et réduire le conduit de l'huile de la lampe dans le tiers du réverbère, de manière à n'excéder que de très peu la quantité d'huile nécessaire à la consommation. Tandis que, dans l'état actuel des choses, le conduit de la lampe contient une grande quantité d'huile qui ne se brûle pas, mais qui se gâte, au point qu'on ne peut l'employer qu'après être clarifiée de nouveau et mêlée avec une plus grande quantité d'huile d'olive, ce qui augmente le déchet et la consommation.

Les tubes de ces lampes sont garnis par le bas d'un réservoir pour recevoir l'huile, qui peut couler du tube, comme dans toutes les lampes dites à la quinquet.

Les tubes de ces lampes n'ont que le courant d'air intérieur. Je voudrois que les lampes fussent à double courant d'air, avec des cheminées de verre; mais en observant que le cilindre extérieur destiné à former le second courant d'air fût moins élevé que le cilindre du tube de la lampe, pour diminuer la masse du corps opaque. Mais, dans le cas de la vis contre le tube, dans la plaque, il faut découper la cheminée de verre dans la partie qui correspond à la roulette du sommet de la vis, dont le conduit doit être à la hauteur du tube intérieur, tandis que la cheminée de verre doit descendre de 6 ou 8 lignes plus bas que le cilindre extérieur.

Je regarde la cheminée de verre avec l'étranglement imaginé par Argant comme très nécessaire pour augmenter la force et le brillant de la lumière, en attirant l'air extérieur avec une grande rapidité et en concentrant la chaleur au point de brûler toute la fumée.

MOUVEMENT

On communique le mouvement au réverbère au moyen d'un horloge composé d'un grand bouclier, d'un second mobile et d'une roue d'échap-

16

pement surmontée d'un axe pour les leviers, axe qui répond par sa fourchette à la verge d'un pendule battant les secondes.

L'extrémité de l'axe du second mobile de cet horloge est armée d'une étoile verticale à huit branches, laquelle transmet le mouvement à une seconde étoile horizontale armée également de huit branches, placée à une hauteur convenable d'un axe vertical qui monte jusques dans la lanterne.

Cette manière de transmettre le mouvement me paroît vicieuse, attendu que les branches des étoiles donnent à chaque instant des leviers inégaux. Je voudrois donc que l'on employât les roues d'angle, qui fournissent un mouvement uniforme et, par conséquent, donnent au poids de charge la même résistance à vaincre à chaque instant.

L'axe vertical de l'horloge est traité dans sa partie inférieure à peu près comme celui du réverbère; sa partie supérieure passe également entre la circonférence de trois roulettes fixées sur un bras susceptible d'avancer et de reculer pour l'engrenage et le désengrenage de sa lanterne avec le pignon ou roue dentée du bas de l'axe des réverbères; ce bras traverse un poteau vertical de fer, auquel il est fixé à la distance convenable au moyen d'une vis de pression placée sur la tête du poteau.

L'engrenage des étoiles du bas, celui de la lanterne et du pignon du haut, sont combinés de manière qu'une révolution entière du réverbère dure 6 minutes, et comme il y a trois colonnes de lumière, chaque foyer reste deux minutes à paraître.

OBSERVATIONS GÉNÉRALES

La force de la lumière des réverbères est due à l'exactitude de la paraboloïde, au parfait poli de la plaque, à la combustion d'une plus grande quantité d'air vital dans les lampes à double courant d'air, et à la grosseur de la lumière pour avoir une divergence de rayons lumineux capable de donner au foyer brillant une étendue assez considérable. Négliger quelqu'une de ces circonstances, c'est diminuer l'effet qu'on veut obtenir.

Dès que j'eus imaginé de perfectionner le réverbère de Cordouan, en lui donnant un feu tournant à plaques paraboliques, mon mémoire fut adressé au Ministre le 26 may 1783, et dès la même année on en fit l'essai sur le petit phare de Dieppe, que les Anglais ont imité; mais on ne songea de cet objet pour Cordouan qu'en 1786. Alors, j'envoyai une seconde copie de mon mémoire, et je demandai des mèches de 30 lignes pour des plaques de 30 pouces; mais monsieur le chevalier de Borda ayant calculé la force de la lumière d'une lampe à la quinquet de 12 lignes de diamètre placée au foyer d'une plaque parabolique de 30 pouces, ne jugea pas à propos d'adopter mon idée. Il résulta de l'effet de ces petites mèches que le foyer brillant ne duroit que cinq secondes, tandis que, dans l'état actuel, il y a 30 secondes de lumière croissante, 30 secondes de foyer brillant, 30 secondes de lumière décroissante et 30 secondes d'obscurité, obscurité que les cheminées de verre imaginées par Argant doivent diminuer.

La mixion des huiles qu'on doit employer pour ce phare est, pour l'hiver, un tiers d'huile d'olive, un tiers huile de rabelle de Hollande et un tiers huile de baleine, dite *spermacéti*. On diminue la quantité d'huile d'olive pendant la belle saison.

Il est nécessaire d'approvisionner un phare pour six mois, toujours d'avance; de déposer ces huiles dans un lieu où le thermomètre de Réaumur soit à 10 degrés sur zéro, afin que les huiles ayent le tems de se clarifier avant l'emploi, car l'huile un peu épaisse produit beaucoup de fumée et salit tout.

Il faut que la quantité d'huile de chaque jour soit un peu plus considérable que celle nécessaire pour la durée de la nuit, afin que la mèche ne brûle jamais à sec et que l'huile soit, par conséquent, toujours à la même hauteur de la mèche.

Lorsque la mèche est trop élevée au-dessus du tube, elle donne beaucoup de fumée et, en peu de tems, un charbon qui diminue considérablement la quantité de lumière. Lorsque la mèche est laissée trop basse, elle ne produit que peu de lumière; il faut donc un juste milieu.

Les mèches doivent être peignées et tondues tous les matins; ensuite mises à tremper dans l'huile d'olive, depuis le matin jusques à l'instant de les allumer le soir.

Si les mèches établies d'abord de manière à fournir une lumière égale

avoient toutes la même ardeur, il suffiroit d'ôter le charbon une ou deux
fois pendant la nuit, et, dans ce cas, on n'auroit besoin que d'un réveil
pour avertir le gardien d'aller moucher les lumières. Mais il y a des
mèches qui ont besoin d'être mouchées une heure après qu'elles ont été
allumées, et d'autres plus tard. Il faut donc que le gardien veille la nuit
pour maintenir la lumière dans une force égale ; depuis minuit jusques au
jour surtout, elles ont besoin d'être gardées presqu'à vue.

Les 12 lampes de 27 lignes de diamètre ont consommé à Cordouan,
pendant les nuits des 25 et 26 juillet 1793, trente livres d'huile pour
8 heures d'illumination, ou cinq onces d'huile chacune par heure. Il sera
aisé, d'après cela, de régler la consommation de l'année relativement à
la longueur des nuits et du nombre de mèches qu'on voudra placer.

Les lampes actuelles n'ont que le courant d'air intérieur. Il est à
présumer que le double courant d'air augmenteroit la consommation. Si
on la trouve trop forte, on pourra diminuer le diamètre de la mèche en
approchant le foyer du sommet de la plaque en raison de la diminution
de la mèche, de manière que l'angle formé au sommet de la plaque par
les tangentes à la circonférence de la mèche reste du même nombre de
degrés. On aura par ce moyen une divergence égale, sans augmentation
de consommation ; mais j'ignore jusques à quel point ce rapprochement
du foyer et cette réduction de la mèche peut avoir lieu sans nuire à l'effet
qu'on veut produire pour éclairer les navigateurs.

A Ruelle, le 5 prairial an 11ᵐᵉ.

L'ingénieur en chef des ponts et chaussées, directeur des travaux
maritimes à Rochefort,

TEULÈRE.

(EXTRAIT des tomes XXXII et XXXIII des *Archives historiques du département de la Gironde.*)

TABLE DES MATIÈRES

—

Bordeaux. — Impr. G. GOUNOUILHOU, rue Guiraude, 11.

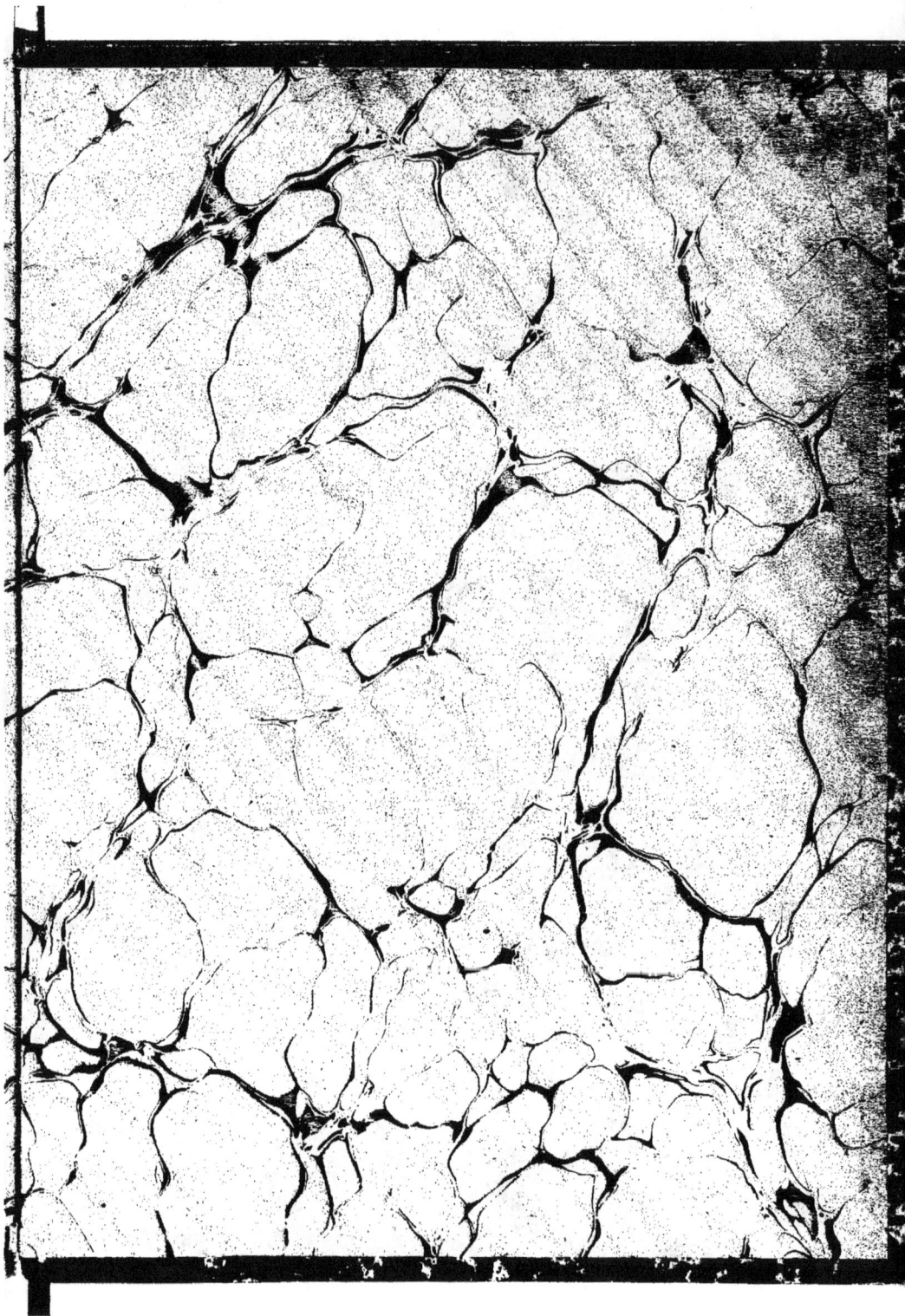

BIBLIOTHÈQUE NATIONALE DE FRANCE

3 7502 01952614 4

www.ingramcontent.com/pod-product-compliance
Lightning Source LLC
Chambersburg PA
CBHW060805110426
42739CB00032BA/2743